リーダーが育つ55の智慧

ニトリホールディングス会長
似鳥昭雄

角川書店

リーダーが育つ55の智慧

はじめに

おかげさまでニトリホールディングスは、2017年の12月に創業50周年の節目を迎えました。半世紀にわたる道のりを大まかに振り返ってみると次の通りです。

私は1967年に23歳でニトリホールディングスの前身となる似鳥家具店を開業し、1971年には2号店を出して、翌年には株式会社化しました。しかも、その時点で年間の売上はまだ1億~2億円程度にすぎなかったにもかかわらず、「30年後に100店舗、売上高1000億円を達成する」というとんでもなく大きな長期計画を掲げ、1年遅れの2003年に達成しています。

2009年には200店舗、2013年には300店舗とさらに拡大を続け、2007年には台湾《たいわん》を皮切りに海外出店にも着手。2017年には、国内外で500店舗を突破しました。店舗網を広げる中で、商品の製造や物流を自分たちですべてやることにも取り組み、製造小売の範疇《はんちゅう》さえ超えた「製造物流小売」というビジネスモデルも確立させました。

現在、ニトリグループが年間に取り扱っているコンテナ量は2017年度の実績で

17万5000TEU（TEUは20フィートコンテナ換算個数）に達しており、国内最大規模を誇っています。年間の配送件数は、同じく2017年度の実績で300万件に及んでいます。

業績につきましても、2018年2月期決算で31期連続の増収増益を達成し、東京証券取引所1部上場企業として自らが打ち立ててきた記録をさらに更新しました。こうした業績の拡大を反映してか、1989年に札幌《さっぽろ》証券取引所に新規上場した時点と比べて現在（2018年2月20日時点）の時価総額は95倍超に拡大しています。

2003年の第1期30年計画達成を受けて定めた第2期30年計画では「3000店舗、売上高3兆円」という新たな大目標を掲げているだけに、ニトリが50年の歴史の中で記録してきたこれらの数字は、あくまで通過点にすぎません。第2期30年計画の次にも、いっそう大きな目標の達成をめざしていくはずです。

このようにニトリホールディングスの歩みを顧みると、ひたすら快進撃を続けてきたように思われることでしょう。しかし、実際には困難の連続で、特に創業して間もない頃は倒産の危機にも直面し、私は何度も自殺を考えました。

そもそも私は、物覚えが悪くて勉強も苦手だったうえ、対人恐怖症で接客も非常に下手だったのです。それでも大成功を遂げられたのは、私にチェーンストア理論を説いてくれた恩師の故・渥美俊一《あつみしゅんいち》先生や、代わりに接客を担当して店を繁盛させてくれた妻がいたからです。

そして何より、1972年にアメリカの人たちの暮らしぶりを目の当たりにして、「日本人の住まいにもアメリカのような豊かさを広げたい」というロマンを私が抱くようになったことが成長の原動力となりました。このロマンを実現させるために、容易には達成できないビジョン（長時間かけて実現したい総合的な到達点の目安）を掲げて、それに向かってがむしゃらに突き進んできたのです。

そして、私のロマン（大志）とビジョンは社内でも共有され、社員たちが一丸となってその実現に取り組んできた結果、ニトリはここまで店舗数を拡大させ、多方面にわたる商品やサービスをお客様に提供できるようになりました。

ロマンとビジョンの共有、そしてどんなに上手《うま》くいっていることでもつねに前例を否定し、ひたすら改善・改革を進めていくという思想の浸透を図るために、私は社員の教育にもとことんこだわってきました。ひとえにそれは、お客様に喜んでいただくためです。その積み重ねによって、私のロマンは少しずつ実現へと近づいていきます。

ニトリが50年の歩みの中で進めてきたこれらの取り組みは、他の組織で働くみなさんにも何らかの参考になるかもしれません。人をどうやって育て、どういった指示を出すのが最も効果的なのかについて日々悩み続けている管理職の人はもちろん、自分の可能性をまだきちんと自己分析できていない若い人たちにもぜひ読んでもらいたいと思って、私はこの本を書き上げました。

この本の中には、ニトリが試行錯誤を繰り返しながら実際にやってきたことが満載されています。いわば、私とニトリの全社員たちの集大成のようなものです。

より多くの人たちにこれを読んで自分自身のロマンを見つけ出し、それを果たすためのビジョンを掲げて日々に前向きに取り組んでいただけたら幸いです。

若いころは社会への適応が簡単ではなかった私でもロマンとビジョンで大きな成功を果たせたわけですから、きっとあなたも大丈夫です。人も組織も、考え方次第でどんどん変わっていくものです。

似《に》鳥《とり》 昭雄《あきお》

目次

第1章 仕事とは何か

第2章 上に立つものの心構え

第3章 人づくり、組織づくりの原則

第4章 職場の活力は何から生まれるのか

第5章 部下を育てるとは

序章

ニトリ50年で心がけてきたこと

ニトリ50年で心がけてきたこと　1

会社のロマンを掲げる

01

すでに多くの人たちは、私がいかに出来の悪い人間であったかということはご存知かもしれません。2015年4月に日本経済新聞「私の履歴書」コーナーに私の話が連載されて大変好評だったことから、大幅に加筆したうえでその内容が単行本化もされました。

何事に取り組む場合にも明確に目標を定めるのが私の方針で、「私の履歴書」では自分が失敗を重ねながらも、それでも成功を果たしたことを伝えようと思いました。自分と同じようなコンプレックスを抱えている人たちに、誰だってやればできるのだという自信をもってもらいたかったからです。

大学を卒業した後に父親が経営していたコンクリート会社を手伝いましたが、低賃金で過酷な労働に耐えられず、数カ月後には家出しました。

その後、札幌の広告代理店に営業職として雇ってもらいましたが、1つも契約を取れなくて半年後にはクビになっています。慌てて転職先を探したものの、すべて断られてしまい、自分をクビにした広告代理店に泣きついて雑用係として再雇用してもらったのですが、まったく成長しないとダメ出しをされて、半年後にまたしても解雇されました。

やむをえず実家に戻って父親の会社を手伝ったのですが、こちらも寄宿舎が全焼して仕事を干され、完全に八方塞《ふさ》がりとなってしまいました。そして、「近所に似たような店がないし、どうにか食べていければ……」という安直な考えで、1967年に親や知人から

1００万円を借金して始めたのが似鳥家具卸センター北支店です。

案の定、商売はパッとせず、毎月60万円の売上がないと利益が出ないのに、ずっと40万円の売上で4カ月赤字が続きました。インスタントラーメンだけで飢えをしのぐ日々が続き、倒産はまさに時間の問題となっていたわけです。

当時の状況を知っている人は、そんな家具店が時価総額2兆円、31期連続増収増益（2018年2月期時点）という成長を遂げるとは、まったく想像もつかなかったことでしょう。私が次にめざしているのは、40期連続増収増益です。

ずっと落ちこぼれだった私にこのような飛躍を遂げるきっかけを与えてくれたのは、妻とチェーンストア理論の第一人者である故・渥美俊一先生です。妻のことについては32〜33ページで後述することにし、ここでは渥美先生から教わったことについて触れておきたいと思います。

妻との結婚後に似鳥家具店の経営は持ち直し、2店目の出店もかなったものの、近くに1200坪もある大型の競合店ができたことで売上が悪化し、私はまたもや倒産の危機に直面しました。その翌年に当たる1972年、あるコンサルティング会社が主催したアメリカ西海岸視察セミナーに参加しました。

当時は完全に行き詰まっていて、どうやったら痛い思いをせずに死ねるのかということばかりを考えていました。そんな折にツアーの話を聞きつけ、ひょっとしたら何かのヒントが見つかるかもしれないというワラにもすがる思いで参加費の40万円を必死で工面したのです。

実際、現地を視察して受けた衝撃は、私の人生を一変させるものとなりました。アメリカの家具は価格が日本の3分の1でありながら、種類やサイズ、カラーが豊富にそろっていて、使う人の視点に立った設計で質や機能でも日本の製品を圧倒していました。

また、家具だけにとどまらずカーテンやカーペットなどとのトータルコーディネートを考えた展示になっていたのも、当時の日本では考えられないものでした。こうした違いは、アメリカの家具小売店が巨大チェーンであったことでもたらされていたのです。

当時の日本における家具の小売りでは、経営者の目が行き届かなくなるので、「店を出すなら5店まで」というのが鉄則とされていました。ところが、アメリカでは家具の小売りがチェーンストア化されていて、全米に100店、200店といった規模で店舗網を広げていたのです。

そのスケールメリットによって仕入れ価格を抑え、より品質のいい製品を安く提供できるわけです。流通や品ぞろえも小売り側が主導権を握ることができ、異なるメーカーの製品を組み合わせたトータルコーディネートが可能となっていました。

このような違いを目の当たりにして、「日本も20年後か30年後には必ずアメリカのようになる」と私は確信しました。他の参加者もアメリカの小売りチェーンのスケールが大きいことに感動していましたが、私とは見解がまったく違っていました。

アメリカの方法をそのまま持ち込んでも、文化や習慣の異なる日本では受け入れられないという考えばかりだったのです。これに対し、私は日本人もアメリカ人も同じ人間なので、便利で楽しいのは一緒だと思い、視察をきっかけに自分の店をチェーンストア化することを本気で考え始めていました。

もっとも、当時の私には確固たる戦略があったわけではありません。帰国後、やみくもに5店まで店舗数を拡大させたものの、売上と利益のことしか気にしておらず、社員たちには低賃金で過酷な労働を強いていました。

今の言葉で言えばまさしくブラック企業で、1975年に初めて採用した5名の大卒社員は1人残らず辞めてしまいました。方針や手法もきちんと定まっていない自己流の経営で、完全に迷走している状態だったのです。

そのような頃に出合ったのが渥美俊一先生の著書でした。私が悩んでいたことに対する答えがすべて出ていて、その教えを実践すれば成功できるのではないかと思えました。

そして、著書を何度も読み返しながら渥美先生が主宰するペガサスクラブへの入会を希望し、1978年の1月、33歳にしてようやくそれを果たすことができました。ペガサスクラブの会員にはダイエー、イトーヨーカ堂、ジャスコ（現イオン）、すかいらーくなどといった大手チェーンストアの経営者が名を連ねていました。

ペガサスクラブでの勉強会で私は渥美先生から、「経営者はロマンチストたれ」と指導されました。

渥美先生いわく、ロマンチストとは「人のため、世のために行動する人」のこと。壮大なロマン（大志）を抱き、それを達成するために明確なビジョンを打ち立てるのは経営者の役割だと説いたわけです。

渥美先生の教えを受けて、人生にも会社にもロマンとビジョンが不可欠なのだと私は痛感するようになりました。そして、視察旅行をきっかけに強く抱くようになった「日本人の住まいにもアメリカのような豊かさを広げたい」という思いこそ、私が掲げているロマンであることに気がつきました。

以来、私は有言実行のためにも「住まいの豊かさを日本の人々に提供する」というロマンを掲げてきました。

そして、海外進出も進めている今は「住まいの豊かさを世界の人々に提供する」とのロマンのもとで打ち立てたビジョンの達成を追求しています。

「お、ねだん以上。」の価値をお客様に提供するというニトリの使命は、こうしたロマンに基づいたものなのです。

ビジョンは100倍発想

02

会社の大きな志であるロマンに対し、それを果たしていくために掲げた20年以上先の目標がビジョンであると、私は渥美先生から教わりました。登山で言えば、登頂をめざす山こそがビジョンです。

そして、山登りが与えてくれる感動や感激は仕事の達成感と同じです。より高く険しい山を登り切れば、おのずと感動や感激は大きくなるものです。企業が打ち出すビジョンもそれと同じで、せっかくめざすなら、簡単には達成できない目標を定めるべきです。

だから、これまでニトリでは100倍発想を基本として、さまざまなビジョンを掲げてきました。「日本人の住まいにもアメリカのような豊かさを広げたい」というニトリのロマンの原点に対し、私が具体的に考えたのが次のようなことです。

家具屋の私に日本人の所得を3倍に増やすことはできないが、商品の価格を3分の1に下げることなら可能かもしれない――。これが私の抱いたロマンを現実のものとするための最初のビジョンとなりました。また、住まいに関する商品すべてをコーディネートすることも、アメリカ視察を機に私が打ち出したビジョンの1つです。

どちらも、まだ5店舗程度の小規模だった当時に、すぐに果たせるものではありません。もっと大幅に店舗数を拡大してスケールメリットを生かせるようにならなければ不可能なことで、そのためには何十年もの歳月が必要となってきます。

つまり、「30年で100店舗にまで増やす」といった壮大なビジョンが求められてくるのです。

実は、渥美先生から教えを受ける前から、私も自分なりに長期の計画を立てていました。アメリカ西海岸視察セミナーから戻ってくる飛行機内で、「これからの30年で達成すべき目標」を考え、必ず成し遂げるという決意書も作成したのです。これがニトリの第1期30年計画で、「最初の10年が店づくり、次の10年が人づくり、最後の10年が商品づくり」と定めたものでした。

まずは店舗数を増やし、次に大卒の定期採用枠を広げて人材育成に力を注ぐ。そのうえで、それなりのスケールメリットを発揮できるようになったら、独自商品の開発を進め、日本の家庭にもトータルコーディネートを提案していこうと考えたわけです。

この第1期30年計画の最終期限は2002年2月で、最終目標とした店舗数は30店でした。計画を立てた時点ではまだ2店舗しかなかったわけですから、これでも当時の私にとってはけっして容易に達成できる目標ではありません。

この目標を立ててから5年後にペガサスクラブに入会し、「長期計画セミナー」を受講した際に渥美先生から長期計画のビジョンを作るように求められました。そこで、第1期30年計画をそのまま提出したところ、「目標が低すぎる」と指摘されたのです。

その頃には店舗数は7店まで増えていましたが、それでも30店舗はその4倍に相当するので、私自身は十分だろうと考えていました。ところが、「ペガサスクラブで掲げるビジョンの基本は100倍発想だ」と渥美先生は突き放しました。

渥美先生いわく、2~3倍程度の拡大ならそれまでやってきたことを継続するだけでも達成できるが、100倍ともなると過去と同じことの繰り返しでは到底叶《かな》わないからこそ、掲げる意味があるというのです。こうして不可能と思える目標を掲げ、それを果たすために突き進むことこそ、本来のビジョンというものであるというのが渥美先生の教えです。

また、渥美先生は「企業の社会貢献のバロメーターは客数と店舗数」と捉《とら》えていました。チェーン化で世の中の役に立っていると評価できるまでになるには、せめて3ケタの店舗数は必要だという考えに沿って100倍発想を提唱していたわけです。

もっとも、7店の100倍ともなると700店もの目標を掲げることになってしまいます。どうあがいても、さすがにそれは無理だと思ってもう少し低めの数字で提出したのですが、他の受講者がどんどんOKを出してもらう中で私だけが何度も突っ返されます。

そこで、思い切って「30年で1000店舗、売上高1000億円」という目標を提出したら、ようやく認めてもらえました。正直、当初はとても達成できる自信がなかったのですが、渥美先生は自分の署名入りの長期計画目標を私に渡すと、「社内で誰でも見られる場所に貼っておくように」と命じました。

達成するのは並大抵ではありませんが、「100店舗、売上高1000億円」という目標は非常に覚えやすく、多くの社員が意識するようになります。渥美先生から求められたのは店舗数と売上高に関する数字だけでしたが、私はさらに5つを加えて7つの目標を掲げることにしました。

①100店舗、②売上高1000億円、③純利益100億円、④1店舗の売場面積1000坪、坪当たりの売上高1000万円、⑤1店舗の売上高10億円、⑥45歳以上の社員の給料1000万円、⑦社員の持ち株1億円と、いずれも1という数字ばかりを並べたものです。日本一の家具チェーンになることをめざすとともに、社員の待遇も大幅に改善しようと考えました。

ニトリが掲げるビジョンは100倍発想が基本だと先で述べましたが、渥美先生の教えをもとにしながら、さらに高みをめざすための目標を自らに課していったのです。

この計画の発表に併せて日本初の「ホームファニシング宣言」も行い、当時はまだ90%も占めていた家具の売上高比率を50%以下にすることを目標としました。さらに、全国展開と東京証券取引所1部市場への上場も含めて、いずれも2002年までに達成することを社内外に宣言しました。

おそらく当時は、いずれも実現は不可能だと誰もが思っていたことでしょう。しかし、ビジョンに向かってひたむきに努力を積み重ねていけば、たとえ今は非常識でも、未来には常識に変わるのです。

結局、計画からは1年遅れたものの、2003年に店舗数は100店まで増え、起点の段階で1億6000万円だった売上高は1087億円に拡大しました。東証1部への上場も果たし、持ち株会制度とストックオプションで大きな資産を築いた社員も少なくありません。

2003年をスタート地点とする第2期30年計画では、2012年に300店舗、売上高3000億円、2022年に1000店舗、売上高1兆円、2032年に3000店舗、売上高3兆円というビジョンを掲げています。すでに2012年における目標値は達成していますが、今後についても有言実行あるのみです。

ニトリ50年で心がけてきたこと　3

誰よりも先んじる

03

ニトリが5大スローガンの1つに「先制主義」を掲げているように、つねに私は誰よりも先んじることに徹してきました。もともとの私の性分によるところが大きいのですが、この主義がニトリの成長を支えてきたと言えるでしょう。

まだ誰も手を出していないこと、この世に存在していなかったものに真っ先に取り組む。1番でなければ意味がなく、どれだけわずかの差であったとしても、2番以下なら何番であっても同じで、後手に回ることには手出し無用です。実際、小売業でありながら自社で工場を持ち、さらに海外で本格的な量産体制を確立させたのも日本ではニトリが初めてでした。

2016年に物流の効率化のためにロボット倉庫を導入したのも国内初のことで、それによって通販発送に伴う作業効率を3・75倍も向上させました。そもそも、家具だけにとどまらず、寝具やインテリアなどをトータルに取り扱うホームファニシングという小売業フォーマットをアメリカからいち早く導入したのもニトリです。

1972年、倒産寸前の状況で私がアメリカに視察旅行に出かけたことはこの章の冒頭でも触れました。いずれは日本の家具市場もアメリカと同じようになっていくだろうと考えた私は、徐々に品揃えを変えていきました。

アメリカの大手家具屋チェーンでは家の内装関連商品まで幅広く取り扱っていたからで

す。そこで、私はニトリでカーペットを販売し始め、続いてカーテンも店に並べるようにしました。その頃、国内の他の家具屋ではとても考えられなかったことです。

当初はどちらも赤字でしたが、3～4年続けているうちに黒字化しました。そのタイミングで他の品揃えも次第に増やしていき、カーテンの既製品化にも取り組み始めました。

当時のカーテンはオーダーメイドが主流で、買ってから10～20年間は使い続けるのが常識でした。なぜなら、一式で20万円、30万円といったように、とても高価だったからです。新築時にあつらえたものをずっと使用している家庭がほとんどで、カーテンを取り換えるという発想さえなかったかもしれません。

だから、最も長いベランダの窓用のカーテンでも5000円以内で買えるようにしようと私は考えました。各家庭で窓のサイズは異なっているので、まずは特定のサイズで大量生産し、後で長さを調節するようにしたのです。

こうして既製品化を実現したものの、ニトリのカーテンはなかなか売れませんでした。「ニトリに行けば安いカーテンがある」ということに、大半の人が気づいていなかったからです。そもそも、家具屋でカーテンを買えることすら常識外でした。

認知され始めたのは3年程度が経ってからでしたし、黒字化を果たすまでに5年はかかりました。「ニトリのカーテンは安くて品揃えが豊富だ」と世間に広く知られるようになったのは、おそらく10年ぐらいが経ってからのことだったと思います。

このように、まだ誰もやっていないこと、人とは違うことに取り組むと、しばらくは結果が出ないケースが多いものです。多くの人はそこであきらめます。

カーテンに続いて取り扱い始めた寝装品では、さらに苦戦を強いられました。当時、寝装品は寝具店に置かれているのが常識で、家具屋で買うという発想がなかったからです。こちらはニトリが取り扱っていることを認知してもらうまでに5年、黒字化を果たすまでに10年を要しましたが、ロマンがあったから途中で止めようとは思いませんでした。

しかし、それでも誰よりも先んじてきたからこそ、今のニトリがあるのです。時間はかかるものの、世間に知れ渡ればおのずと客数が増えて、その分野で独り勝ちの状態になります。

少なくとも他社よりは5年先を進んでいるわけですから、仮にマネをされたとしても、とっくの昔にスタートしているニトリに追いつくことはできません。こちらには先行者利益がありますから、10年もすればむしろ圧倒的な差をつけられます。

ニトリ50年で心がけてきたこと　4

食わず嫌いはしない

04

私は23歳のときにニトリの前身となる家具屋を始めたのですが、人と話すのが苦手でまともに接客できず、すぐに大赤字となってしまいました。そんな対人恐怖症の私に代わって接客をこなしてくれたのが妻です。

倒産のピンチに追い込まれた私に両親は、「見合いで結婚して嫁に接客をやってもらいなさい」と言いました。実は、当時の私には学生の頃から付き合っていた恋人がいて結婚するつもりだったのですが、「あの娘は美人でスタイルが良いから、お客さんが嫉妬《しっと》するのでダメ」と母に反対され、泣く泣く別れるハメになっていました。

私は両親に勧められるままに見合いを8回し、24歳のときに結婚することになったわけです。妻はまだ20歳でしたが、接客がとても上手でした。

私が応対するとお客様が離れていくのに、妻が相手をすると常連になってくれるのです。妻はそれまで月40万円程度にすぎなかった店の売上を月60万円へ増やし、黒字の経営に立て直してくれました。

そして、結婚2年目には長男が生まれたのですが、妻は我が子をおぶったまま接客をこなし、売上は１５００万円にまで増えました。妻のおかげで私は仕入れと配達に専念でき、こうして役割分担できたことが事業の成長につながっていったのです。

本当に妻にはどれだけ感謝しても足りないぐらいで、海外旅行や国内旅行、ゴルフなども連れ添って楽しむようにしているのですが、食事の席で私との違いをつくづく感じることがあります。

ビュッフェ方式のレストランで、妻はいつも同じ種類の料理しか皿に取りません。自分の好みに合うお馴染《なじ》みのものしか選ぼうとしないのです。しかし、私はまったく逆で、まだ自分が食べたことのない目新しい料理を選ぶようにしています。

だから、妻はさっさと料理を取ってテーブルに戻っていますが、私は料理のラインナップを一通りチェックしてから選んでいくので、おのずと時間がかかります。そして、席についで実際に食べてみると、私が選んだ料理にはえてして失敗が多く、定番のものを選んだ妻のほうはいつも満足げです。

それでも、私は懲りずに次にレストランへ出かけたときも、やはり新しい料理を選びます。10のうち1つでも当たりがあれば大収穫で、新たな味の発見によって自分のレパートリーが広がっていくからです。

ビジネスも同じで、最初から無理だと決めつけず、新しいことにどんどんチャレンジしていくべきだと私は思っています。もしも私が食わず嫌いのタイプだったなら、ニトリはここまで幅広い商品を取り扱うようになっていなかったでしょうし、会社の規模もここまで大きくなっていなかったはずです。

たいていの人は、新しいビジネスで成功する確率が五分五分だったなら、まず手を出そうとしません。だけど、私なら成功する確率が三分にすぎなかったとしても、自分で妙味があると思ったことならチャレンジしてみます。

失敗したら、潔く直ちに撤退すればいいだけのこと。あらかじめ、いくらまでなら損を許容できるのかを頭に入れておけば、失敗だったとしても想定範囲内のことにすぎないのです。

何事もリスクのないところには、成功は存在しません。リスクのあることに挑むからこそ先手を打てるわけで、そうすることで時代の変化に対応できます。

ただし、どんな分野にも無節操に手を広げていくわけではありません。ニトリが掲げる5大スローガンの1つに、「多角化をせず、本業に徹する」というものがあります。つまり、「集中主義」で、1つのことに全力で取り組まなければ競争に勝てませんし、大きな成長を遂げられないからです。

あくまでニトリは衣食住の「住」に的を絞っており、その範囲内で新しいことにどんどん取り組んでいるのです。本当のことを言えば、私は非常に好奇心旺盛《おうせい》な性格で、あえて「集中主義」を掲げて自制しています。

洋服チェーンにホテルチェーン、それにプロ野球チームまで、これまでニトリにはいろいろなM&A（企業の合併・買収）の話が持ち込まれました。私はとても乗り気だったのですが、社内でことごとく反対されて、やむなくあきらめてきました。

今でも残念な気持ちを引きずっているというのが本音ですが、私はどんなことにも壮大なビジョンを描きながら挑むタイプなので、実際に手を出していたらおそらく本業に差し障りがあったことでしょう。

ただ、会社として本業以外に手を出すのは禁物だったとしても、自分に与えられている職務に関しては最大限に好奇心を発揮すべきだと思っています。食わず嫌いをせず、次々と新しい手法を試していけば、10に1つは革新がもたらされるはずです。

即断・即決・即行

05

この章の冒頭でも触れたように、私は出来が悪い人間でしたが、チャンスと感じたら即行動できることだけには自信をもっていました。けれど、他人から見れば、私はいわゆる短気な人間です。

社員に指示を出して直ちに取りかからなければ声を荒らげますし、「30秒以内に返事をせよ」と常々言い聞かせています。ビジネスだけに限ったことではなく、何事も思い立った時点で実行するのとしないのとでは、まさに天と地の差があるからです。

せっかちでなければ、成功はつかめないと私は思っています。だから、ニトリがずっと信条としてきたのが「即断・即決・即行」で、けっして簡単なことではありませんが、これを実践できるかどうかで成否が分かれてきます。

すぐに決められない人の多くは、失敗することを恐れています。しかし、本当に恐れなければならないのは、失敗しないことよりも、すぐに行動できなくなることなのです。すぐに決められる人はそれだけ処理能力も高く、仕事も自然と集まってきます。実際、私は1日に200～300の決裁をこなしていますが、その中には判断ミスであったケースも少なくありません。

熟考は30秒、間違ったらやり直せばいいのです。私の人生のテーマは「悔いのない人生」で、やらずに後悔するくらいなら、やってみて失敗したほうが断然いいと考えています。むしろ失敗をたくさん重ねることで、それを糧に成長できるわけです。

そして、失敗を恐れずに「即断・即決・即行」を続ける原動力となっているものこそ、ニトリがずっと掲げてきたロマンとそれを叶えるためのビジョンです。そのためなら、ひるむことなく攻めていけるのです。

ただ、もともとの性格が短気ではあっても、経営者になったばかりの私はあれこれ悩みがちで、なかなか「即断・即決・即行」を実践できていませんでした。「今のようなのろのろペースでは、100年経ってもビジョンを実現できそうにない」と焦りを感じ始め、仕事の進め方を改めました。

即座に判断した結果、それが失敗に終わったとしても、会社がつぶれるほどのダメージにならなければ、授業料だと思って割り切ればいいと考えるようにしたのです。以来、私は今日《こんにち》に至るまで、「即断・即決・即行」を貫いています。

そうやって次々に決めていくと、さらにたくさんの判断を求められるようになります。処理能力の高い上司ほど、仕事を目一杯に抱えがちです。そうなると求められてくるのが見切りで、むやみに抱え込まないことが重要となってきます。

自分が直接手を下したほうがよい結果をもたらしそうであっても、大勢を左右しない程度の違いであれば、部下に任せてしまうのがその1つです。あるいは、重要度が低いと判断すれば、その仕事そのものをやめてしまいます。

抱え込みすぎている状態ではなかなか前に進めませんから、まずは捨てるのです。より重要な仕事、自分にしかできない仕事だけに取り組むのです。

こうして捨てるのが上手にならなければ、規模がどんどん大きくなっている組織のリーダーをこなせません。だから、私自身もつねに10〜20秒、どんなに熟考しても30秒が最大で、即座に決裁を下しています。

繰り返しになりますが、間違ったらやり直せばいいだけの話ですから、翌日、翌週に結論を持ち越すようなことはありえません。決断するためには事前の調査が必要となってきますが、それらは部下に任せればいいのです（詳しい調査をしなければわからないのは別です）。

そのうえで、部下には最低でも3つの提案を出すように私は指示しています。ただし、それはあくまで最終候補としての3つであって、そこまで絞り込まれる前の段階では、全方位的な視点から10〜30くらいの案が出ていることが前提です。

そして、社員たちがそれぞれについてしっかりと調査を行って選び抜いた3つの案に対して、私がその場で決断を下すことになるわけです。選択の基準は、お客様が求めているかどうか。お客様の不平、不満、不便の解決を最優先して判断しています。

なお、最終的に選んだものが失敗に終わったとしても、その責任を取るのは決裁した上司ではなく提案をした人になるというのがニトリ社内のルールです。

処理能力の高い上司はたくさんの決裁をこなしているわけですし、いちいち責任を取っていたらキリがありません。提案する側が責任を負うことになれば、それだけ緊張感をもって仕事に取り組むことになります。

もっとも、提案において大事なのは質ではなく量で、特に新人には日課として改善案を出すように指導しています。採用されるかどうかよりも、毎日新たなテーマと取り組むことが重要で、それを繰り返していくうちにおのずと質も高まっていきます。

自前の文化を築く

06

私は渥美俊一先生の教えに自分自身の経験を重ねて、「成功の5原則」を導き出しました。①ロマン（大志）、②ビジョン（中長期計画）、③意欲、④執念、⑤好奇心の5つで、これらがそろっていれば必ずや成功を手にできるというものです。

ニトリに入社した人たちのためにまとめたものですが、広く世間に通用することだと思います。このうち、ロマンとビジョンについてはすでに説明しましたが、意欲、執念、好奇心はニトリの成長をけん引してきた独特の企業文化だと言えるでしょう。

普通に考えればできそうにないビジョンに挑むには、それだけの意欲が求められてきます。目標達成までには何度も失敗を繰り返すでしょうが、それでもあきらめない執念も欠かせません。今まで通りのことを続けていては達成できないビジョンを掲げているわけですから、新しい方法を考え続けることが大前提で、それを育《はぐく》むのが好奇心です。

やはり渥美先生の教えを自分なりにまとめたものに「5大スローガン」があり、こちらもニトリ独自の企業文化だと言えます。①一番主義、②集中主義、③先制主義、④経験主義、⑤ビジョン主義の5つで、いずれもそれぞれの目標を達成するために掲げています。

このうち、「一番主義」は文字通りの意味で、つねにトップをめざし、けっして2番手、3番手には甘んじないというものです。部署内で1番になったら、次はその店舗で1番、エリアで1番、全国を6分割したゾーンにおいて1番、全国で1番と、枠を広げながらさらに上をめざしていくのです。

「集中主義」は本業に徹して多角化を避けるというもので、ニトリでは衣食住の住関連だけに的を絞ってきました。1つのことに集中しなければ成功はつかめないと考えているからで、社内においてもトップ直轄の30部門それぞれの長を兼務することを禁じています。「先制主義」は「誰よりも先んじる」のところで説明した通りで、「経験主義」はできるだけたくさんのことを経験させることです。人は失敗を通して成長するものなので、ニトリでは「配転教育」を貫いています。

「ビジョン主義」とは、まずは目標を掲げ、それを達成するためにやるべきことは何なのかを逆算して計画することです。詳しくは、「戦略は逆算」のところで説明します。

同じく、「4C主義」もニトリの企業文化として定着しています。「チェンジ（変化）、チャレンジ（挑戦）、コンペティション（競争）、コミュニケーション」の4つで、変化を恐れずに現状をつねに否定しながら、とても達成できそうにない目標に挑んでいくのがニトリなのです。

今までの方法では不可能な目標を達成するには、過去の常識や慣例にとらわれない斬新《ざんしん》な発想が求められます。また、難題に挑戦するうえでは他の会社とはもちろん、社内のライバルとも激しく競い合うことになります。

そして、部門間、本部と店舗間、上司と部下、同僚の店舗間でのコミュニケーションも重要です。チェーン化は標準化を意味しますから、店舗数が増えれば増えるほど、同次元で政策を共有するうえで意思の疎通が肝心となります。さらに、テレビCMやお客様からの問い合わせ・苦情への対応など、社外とのコミュニケーションも大切です。

もう1つ、ずっと私の中で鉄則となってきたことがあります。それは、「私が言い出したことにすべての役員が口をそろえて反対したら、絶対にやるべきだ」というものです。

とかく役員は常識の範疇《はんちゅう》で物事を捉えがちで、彼らの意見を素直に受け入れていたら、とてもビジョンは達成できません。私のほうでは100倍といった数字をめざしているのに、常識的なやり方では2割アップがせいぜいです。

実際、海外での自社生産も私が社内の反対を押し切って進めたことで、最初はなかなか上手《うま》くいかなくて苦労を重ねましたが、最終的には成功にこぎ着けました。無理なことに取り組み続けてきたのが私の人生ですし、目標達成の難度は増していくばかりです。

ニトリ50年で心がけてきたこと 7

ヒット作にあぐらをかかない

07

私が最初に渡米した頃の日本の家具業界は、アメリカよりも50年は後れをとっていました。1972年のことですから、それから45年以上の歳月を経て日本は世界屈指の経済大国となっているだけに、今さらアメリカに学ぶことはないと思っている人も少なくないでしょう。

しかし、まだまだ日本はアメリカに大きく後れをとっていて、あの国から学ぶべきことはたくさんあると私は考えています。だからこそ、ニトリでは社員のみならずパートさんまで対象とした「アメリカセミナー」を開催し続けてきました。なぜなら、アメリカという国は今なお途絶えることなく進化を遂げているからです。

世界で最も競争が激しく、業界のトップ企業も目まぐるしく交代しています。70年代に80店舗以上をチェーン展開していた家具専門店チェーンの「レビッツ」はとうの昔につぶれてしまいましたし、80年代に隆盛を誇っていたディスカウントストアの「Kマート」はあっという間に同業の「ウォルマート」に抜き去られました。「ウォルマート」にしても、ネット通販最大手の「アマゾン」が新たな競争相手となり、対策が求められています。

アメリカでは、つねに進化を続けていかないと、いち早く新しいことに取り組み、成功させた企業に追い越されてしまうのです。こうしたシビアな状況と比べれば、日本の情勢は明らかに生温《なまぬる》く、〝競争〟ではなく〝競合〟にすぎません。

各フォーマットのトップに立たなければ生き残れないアメリカとは違い、相変わらず日本ではそれぞれの上位数社に入っていれば安泰でいられるのです。

しかし、依然として後れをとっているとはいえ、日本でもアメリカのように本格的な競争が始まろうとしています。

だから、ニトリではヒット商品が生まれても、そのまま同じ仕様のものをずっと作り続けていくということはありえません。現在、ニトリが取り扱っている商品数は約１万２０００点に達していますが、その半分に相当する数を毎年入れ替えています。

もちろん、その目的は品質の向上と機能の変化で、お客様から寄せられた声に耳を傾け、どのような小さな不満であっても必ずそれらを解消するために、改良を加えた新商品を開発し続けているのです。価格を抑えながらとことん品質の向上を追求できるのは、店舗数が拡大してスケールメリットが働くようになったからです。

今まで以上にお客様のニーズは多岐にわたっていますが、それは「改善に終わりはない」ということを意味しています。大半に満足いただいている商品であっても、細かな点に不満を抱くお客様は必ず存在しています。「ここをこのように改善してほしい」というさまざまな要望を汲《く》み上げていくことで、さらに多くのお客様に喜んでいただける新商品が生み出されます。

たとえば、従来のソファベッドは2つ折り方式であったため、けっして寝心地がいいものではありませんでした。日本人の部屋は4畳半や6畳と狭いので、ソファの置き場もありません。

そこで、ニトリが新たに開発したものは、フラットな座面をスライドさせることで「ソファ⇕ベッド」に変更できる設計にしています。座り心地と寝心地の両方とも妥協したくないというお客様の声に応《こた》えたわけです。

また、年齢とともに筋力が衰えて、調理器具の重さが負担になってきたというお客様もいらっしゃいました。そういった声を踏まえてニトリが開発したのが「超軽量フライパン」で、同じサイズの従来品の約半分の重さを実現しています。

改良を重ねてすでにお客様のニーズを十分に反映している定番商品については、さらに値段を下げる工夫を施すことで満足度をいっそう高めていきます。その一方で、まだ投入して間もない商品については、たとえどれだけのヒットを遂げていたとしても、より良い品質を求め続けていきます。

つねに現状を否定する

08

1972年の視察旅行で、「日本人の住まいにもアメリカのような豊かさを広げたい」というロマンが私の中で芽生えたときからニトリの成長がスタートしました。そして今、その思いは国境を超えて、「日本の、そして世界の人々に欧米並みの住まいの豊かさを提供する」というロマンに拡大しています。

ニトリは2007年の台湾を皮切りに、2013年にはアメリカ、2014年には中国に出店しています。日本の先を歩んでいるアメリカ市場の開拓は容易《たやす》くないでしょうが、消費が拡大している中国では2022年までに200店舗体制を確立する予定です。

こうした成長を続けていられるのは、壮大なロマンとその実現のために設定したビジョンがあるからで、つねに「現状否定」を行ってきたからでもあります。

どれだけのヒット商品であっても、改善を重ねます。目の前で成功していることでもあえてその手法を否定し、もっといい手があるのではないかと考え続けるのです。すると、すぐには辿《たど》り着かなかったとしても、必ず新しい答えが見つかります。

つまり、今が非常によい状態であるときこそ、積極的によりよい方向に変化していこうとするわけです。企業が成長するための原動力は、過去の栄光を否定することにあります。

どこをどう変えていくべきかについては、現場、現物、現実を見てどういったところに問題点があるのかを観察すれば、自然と発見できるものです。新商品を生み出すときも同様で、やはり現場、現物、現実にヒントが隠されています。

私はニトリの商品企画に関して、つねに細かく口出ししているわけではありません。私と社員たちとが議論しながらコンセプトを固めていくわけですが、基本的には担当部署が調査結果を発表し合い、それをもとに討論を行います。

プロデューサーとして全体的な方向性を示していくのが私の役割で、個々の商品を投入するかどうかは商品企画部門の責任者が決断します。

こうした流れの中で、ヒット商品を企画できる社員には共通点があります。日頃から自身や周辺の人々の暮らし、国内外の小売業や飲食業の店を頻繁に観察していて、そこで気づいた問題点やヒントを商品開発に生かしているのです。あくまでわかりやすい例として商品企画を取り上げただけで、これはあらゆる部署のあらゆる業務においても言えることでしょう。

どれだけ入念な調査を行ってデータを集めたとしても、机上において論じ合っているだけでは価値を生みません。現場、現物、現実に接することで、初めてお客様のニーズに応える発想が可能となります。

こうして「現状否定」を続けながら、さらにニトリでは「3倍になったときに乗り物を替える」という行動も繰り返しています。社内では、「1：3の原則」と呼んでいるもので、会社の成長とともに乗り物（手段）をどんどん替えていくのです。

最初は自分の足で歩いていたとしたら、次はもっとスピードアップするために自転車に乗り替え、さらに自動車、セスナ、ジェット機、ロケットに乗り替えていく（ただし、免許を自分で取得する）ような取り組みを行わなければ、ビジョンを達成することは困難だからです。たとえばニトリでは、当初は問屋からの仕入れだった取扱商品を国内メーカーからの直接仕入れに変更しましたし、続いて海外からの直輸入にシフトしていきました。

そして、海外において自社開発を行うという製造小売へと転換し、さらに自社工場において生産管理を行うという現在の体制を確立しました。よりよい製品をより安く提供するための仕組み作りと生産性の最適化を追求してきた結果、自然な流れでこれら一連の乗り替えが進んでいったのです。

とにかく肝心なのは、どのような成功を収めていたとしても、現状にはけっして満足してはいけないということです。たいていの人は、それなりの成功を手にすると、満足してそれ以上の手を打たなくなり保守化します。

しかし、現実にはその瞬間からその人はダメになっていくのです。ひたすら改善を繰り返し、改革を図って必ず周囲の期待を上回る結果を出していかなければなりません。

乗り物を替える話に戻せば、みんなが自分の足で歩いている時点でいち早く自転車に乗り、みんなが自転車に乗り始めたらより速く走れる自動車に替えるわけです。さらに、みんなが自動車を選んで道路が渋滞しそうになったら、目的地まで一っ飛びの飛行機を利用するように、誰よりも先んじた発想が大事です。

それは「現状否定」でもあるのです。

ニトリ50年で心がけてきたこと　9

戦略は逆算

09

他の会社と同じようなことをやっていたり、従来通りのやり方を続けていたりするのでは、大きな目標（ビジョン）を達成することは絶対に不可能です。逆から言えば、何かを大きく変えない限り達成するのは無理だという障害があるからこそ、人間は知恵を絞って乗り越えるための方法を考え抜くわけです。

そして、トップの役割とは、20年以上先の未来を見通したうえで、そこから逆算して10年先の情勢を予見し、それに対応した経営の方針と計画を立てることです。トップがその読みを誤れば、会社の命運も尽きてしまいます。

しかし、トップが冷静に20年後、10年後の変化を見据えて、会社として追求するロマンに基づいてビジョンを定めたら、目の前で何をすべきかについてはおのずと見えてきます。ビジョン達成から逆算すれば、現時点で打つべき戦略も決まってくるのです。

場合によっては、たとえ目先では不利益をもたらすような戦略であっても、ビジョン達成のためにはあえて実行するべきだというケースもあります。わが社が１９８２年に台湾と韓国から商品の直輸入を始めたことがその好例でしょう。

国内メーカーからの直接仕入れに切り替えたところ問屋の妨害に遭い、もはや外に目を向けざるを得なかったという事情があったものの、とにかく海外製品は安かったのです。品質に問題があってお客様からのクレームも続出し、社内でも反対する声が飛び交ったのですが、私はそれでも輸入を続けました。

その挙げ句、「社長は現地に愛人でも囲っているのだ」とかいった憶測までされましたが、やめるわけにはいかない理由が私の中にはありました。なぜなら、お客様が求めているのは安さだったからです。

大口注文による日本仕様への変更を要求できなかった当時のニトリが品質まで追いかけるのは困難で、安さがなくなれば何も残りません。「1に安さ、2に品質、3にコーディネーション」というニトリの憲法における序列は変えられません。

それに、私は10年先の変化を読んでいました。1971年のニクソンショック（1ドル＝360円の固定相場制崩壊）以来、ドルに対して円高が進んでいて、やがて国内生産では海外製品の安さに太刀打ちできなくなると予想していたのです。

現に、ニトリが海外からの直輸入を始めた頃には1ドル＝250円程度でしたが、1985年のプラザ合意から円高が加速し、1990年代の中頃には80円を割り込む水準にまで達しました。つまり、同じものが当初の3分の1程度の値段で輸入できるようになったわけです。

一方で、生産技術の発達によって海外製品の品質も次第によくなってきたので、お客様からのクレームも減っていきました。もしも、私が社内の反対に押し切られて輸入を断念していたら、ニトリは海外での自社生産という次のステージに移ることが叶わなかったことでしょう。

ニトリでは壮大なビジョンを掲げるとともに、着実にそれを果たすために「ワークデザイン」という手法を用いています。ワークデザインとは、30年先を見据えたビジョンを10年ごとに分割してそれぞれに目標を設定し、さらに3年ごと、1年ごと、週ごとといった単位でも小さな目標を立てていくことです。

目の前の小さな目標は努力すれば乗り越えられるレベルのものですし、どんどんクリアし続けていくことで着実に大きな目標に向かって近づいていくことができます。同時に、意欲もいっそう増していくものです。

また、ニトリでは30年計画というビジョンを軸に、「30年計画→10年計画→3年計画→1年（52週）計画→四半期（13週）計画→週の計画」といった具合に分解していき、店単位、地域単位、商品単位で毎週決算を行っています。ビジョンの実現に向けて、まずは足元の目標である年間目標をクリアするために、週ごとに細かく進捗《しんちょく》状況を把握・管理（コントロール）しているわけです。それは「ウィークリーマネジメント」とも言います。

こうして週次決算を行っていれば、情勢の微妙な変化をすぐに察知できます。その点、月次決算では問題の発覚が遅れて対応が後手に回りがちです。

さらに言えば、月次決算の場合は正確な比較が現実的に困難です。なぜなら、31日の月もあれば30日の月もあり、28日の月もあって営業日数に違いが出てきますし、年によって日付と曜日の組み合わせも異なってくるからです。

けれど、週次決算なら毎年変化がありませんから、業績の変化を確実に把握できますし、問題点が見つかった次の週にはそのつど解決を図ることが可能です。１００年経過しても使えます。

データをもとに、最後は経験で決める

10

普段から私が社員たちに対して言っているのが「根性ではなく、数字や論理で語れ」ということです。社内での会話においても、「必ず数字を入れろ」と注文をつけています。具体的な数字を示さなければ、単なる趣味の話にすぎないからです。また、「歯を食いしばってがんばれ」とか、「士気を高めろ」とかいった精神論もニトリでは禁物で、あくまで科学と論理によって業務を進めるべきだと私は考えています。

たいていの人はロマンとビジョンを掲げていないので、本人が思っているほど意欲のレベルは高くないのです。

その点、たとえば「今の2倍をめざす」という思いと、「今の100倍をめざす」という思いでは、明らかに意欲のレベルに違いがあります。

私がまだ札幌に2店舗しか開いていなかった頃、「10年で2倍」といった程度の意欲で取り組んでいたら、おそらく今でも北海道はおろか札幌市内からさえ出られなかったはずです。渥美先生の指導を受けながら「30年で100店」という意欲を具体化したからこそ、今日《こんにち》のニトリがあるのだと思います。

数字は誰の目から見ても客観的だから、解釈にずれはありません。数字に嘘はつけないのです。

ニトリが貫き続けてきた「現状否定」にしても、直感的な発想で取り組んでいるわけではありません。客観的なデータをもとに科学的、論理的に問題点を拾い出し、改善・改革へと結びつけています。

新規出店においても、データの収集と分析は非常に重要です。今、ニトリは国内において東京都内における出店を加速させています。

2015年4月にはプランタン銀座《ぎんざ》店（現マロニエゲート銀座店）、2016年12月には新宿《しんじゅく》タカシマヤタイムズスクエア店、2017年3月には東武池袋《いけぶくろ》店とアトレ目黒《めぐろ》店、同年6月には渋谷《しぶや》公園通り店、同年10月には東急吉祥寺《きちじょうじ》店をオープンさせました。また、生活に欠かせない人気商品を中心とした小型店舗のデコホームも都内のあちこちに増やしています。

都内で出店を積極化しているのは、将来の人口動態を見据えてのことです。特に都心への人口流入が顕著になっており、今でも地方と比べて人口密度が群を抜いて高いうえ、10年後もその状況には変化がないでしょう。

これまでの出店においても私が特に注視してきたのは、10年後、20年後にそのエリアの人口動態がどうなっているのかというポイントでした。つまり、10年先、20年先でもお客様が集まってくる立地か否かについてです。

そして、その判断は専門的なデータを参考にするものの、最終的には私自身が現地に出向き、自分自身の目で確かめたうえで行っています。

第1章

仕事とは何か

会社のために働くのではない。自分のために働く

創業当初から私が心がけてきたのは、「社員が楽しく働ける会社を作る」ということでした。「ニトリに入社してよかった。この会社で働いていると幸せだ」と心から思ってもらいたいのです。

そのためにも、労働条件の改善をいっそう進めていかなければなりません。一方で、将来に夢と希望を持たせてあげることと、自分自身がスペシャリストとして成長できる労働条件と待遇を良くすることは当たり前です。

まだロマンとビジョンを掲げていなかった頃の私は、目先の売上と利益のことにしか目が向いておらず、社員には安い給料で重労働を強いていました。だから、おのずと定着率も悪く、採用してもすぐに辞めていく人が少なくありませんでした。

自然と利益が上がるようになってからは、利益に伴って社員の待遇も改善されていきました。これは、「お客様の利益を優先し、利害損得は後回しにする」という意味の「先客後利」をもとに、「お客様第一。お客様を満足させられれば、利益は後からついてくる」という意味をもたせて私が作った言葉です。

お客様が満足すれば、商品が売れて利益が上がります。真っ当な経営者ならそれを貢献した人達に分配するはずです。社員の賃金や福利厚生が手厚くなり、株主の配当も増えることになります。つまり、つねにお客様を第一に考えていれば、あらゆるステークホルダーに利益が還元されていくわけです。

現在、ニトリの社員の待遇は流通業界においてトップクラスで、14年連続でベースアップも行っています。生涯年収は約2億7000万円という試算になりますが、今後も会社の成長に合わせてさらに増やしていき、いずれは名だたる大企業を上回る水準を実現したいと思っています。

一方、社員に夢と希望を持たせてあげることについては、やはりロマンとビジョンが大きく関わってくるでしょう。そして、小さな成功体験を積み重ねることで、自分が成長していることを実感できるようにしたいのです。

会社が成長するから待遇もよくなっていくわけですが、誰しも一番大事なのは自分です。自分の能力が向上していることを実感できることがやる気につながっていくものです。そして、個々の社員が成長することで会社も成長します。

会社や社長のために働くのではなく、自分自身が成長するために働く――。そのように感じられる職場にしたいと思いながら、これまでニトリを経営してきました。会社が掲げているロマンとビジョンを共有していることで、個々の社員が会社のためではなく自分のために働いていても、各自が同じ方向をめざして突き進んでいるはずです。

そして、社員1人1人が着実に成長を果たすためにも、個別に自分自身の将来に対するビジョンを掲げてもらいたいものです。20年先、30年先、自分はどのようになっていたいのか、個人としてのビジョンを思い描きながら、その達成のために日々働いてもらいたいのです。

そこで、ニトリでは全社員に「生涯設計キャリアアップシート」という表を配付しています。まずは自分がこうなりたいという未来の姿について記入してもらい、そこから逆算するかたちで、今から30年後、10年後、5年後、3年後、1年後、それぞれの時点において希望する姿や、就きたい職務、取得したい資格などを書き込む形式になっています。

職務や資格は成果と実績を査定する目安の1つで、給料にも反映されます。だから、何年後にどの程度の技術と経験と収入を得ていたいという目標の設定にもなるわけです。

シートに書かれた内容と本人の成長ぶりを比較していると、はっきりとした傾向があることがわかります。伸び悩んでいる人のシートに書かれている10年後の目標は、成長著しい人のものと比べて明らかに低いのです。

私がまだ7店舗しかなかった段階で「30年で100店舗」をビジョンとしたように、個々の社員も自分の成長のためにできるだけ高い目標を掲げてほしいものです。新卒社員から中途採用者まで、全員が少なくとも子会社の「社長をめざす」と書き込むようになれば、さらに社員たちの成長が加速し、会社としてのニトリも飛躍を遂げるでしょう。

会社は自分が成長するために存在していて、失敗した場合にはその代償まで払ってくれるうえ、給料までもらえる——。

読者のみなさんも、こう考えたほうがいいでしょう。まさしく、いいことずくめではありませんか。

お客様に喜んでもらえればいい

ロマンとビジョンの経営を始める前の私は、ひたすら売上を増やして儲《もう》けることしか考えていませんでした。また、自分のことしか考えていなかったのです。閉店間際に入ってきたお客様を追い返そうとして、妻に叱られるほどでした。

しかし、ロマンとビジョンによって、私は大きく変わりました。将来、私のロマンが実現したときのことを想像してみると、浮かび上がるのはお客様の喜びの笑みです。「住まいの豊かさを世界の人々に提供する」ことを果たせれば、地球上の多くのお客様たちが幸せになるのですから。

とにかく、お客様に喜んでもらえればそれでいい。そうすることで、私のロマンは現実のものとなるわけです。

こうしてつねにロマンとビジョンを意識するようになってからの私は、すべてをお客様の目線から見るようになりました。お客様にとって、「これまでの商品の何が不満で、どこが不便で、どのように不快なのだろうか？」と考える習慣が身についたのです。

プライベートで食事やお酒を楽しんでいる最中でも、妻と買い物をしている最中でも、私はいつだってお客様の目線で観察を続けています。それも似鳥昭雄という人間としてではなく、その場その場で若者の目から見ることもあれば、老人の目から見ることもありますし、性別まで変えることだってあります。

そうすると、どういった人がどのようなものを求めているのかがわかって、どんどん商品のアイディアが出てくるわけです。もっとも、実はこれがそう簡単にはマネできないことのようです。

毎年2回、中国の広州《こうしゅう》では「広州交易会」という大がかりな製品の見本市が開催されており、私やニトリの商品部の社員が参加しています。ニトリが新たに取り扱う商品を探すのがその目的です。

当然、私はさまざまな立場のお客様の視点から品定めを行っています。だから、新商品の候補を見つけ出すのも私が一番早いのです。

社員があっさり通り過ぎたブースでこれぞと思う製品に出合うことも珍しくありません。なぜなら、彼らは自分が所属している部署に関連した製品しか視界に入れておらず、お客様ではなく販売側の立場で選んでいるからです。

販売の現場に寄せられてくるお客様の声や競合商品の研究・分析から商品やサービスを企画することも可能ですが、それでは連続的にヒット商品を生み出していくのは難しい。「人々に住まいの豊かさを提供したい」というロマンを抱きながら、つねにお客様が求めているものを推測することが不可欠です。

このようにニトリでは、取り扱っている商品・サービスの違いを問わず、「お客様に喜んでもらう」ことを第一に考えています。お客様から寄せられた問い合わせや苦情、要望はすぐさま汲《く》み取り、詳細に検証したうえで商品企画に反映させています。

お客様のニーズはどんどん進歩し、変化を遂げています。ちょっと前なら見向きもされなかったものが注目の的となったり、今までまったく存在しなかったものが求められたりするわけですから、たとえその道のベテランであっても、自分の経験則だけで売れる売れないを判断すべきではありません。

業種を問わず商品やサービスを提供する側は、つねに自分がお客様の立場だったら何を望むのかという視点で考えることが大事です。

前任者の否定から始まる

詳しくは第３章で説明しますが、私が渥美先生主宰のペガサスクラブに入会して以来、ニトリでは「配転教育」という制度を採用しています。社員にさまざまな仕事を覚えてもらうために、２〜３年単位で部署を異動する人事を行っているのです。

そして、新たに配属された人たちに対し、必ず言っているのが「前任者の否定から始めよ」という言葉です。特に前任者が優秀だった場合などに、安直にそれまでの仕事の進め方を踏襲するケースが少なくないからです。

当然ですが、同じことをやっている限り、過去を大幅に上回る結果は出せません。前任者よりもいいシステムを作ってこそ仕事です。そうすることで、過去の実績を大きくプラスに変えられます。

つまり、前任者の手法を否定して新たな手法を開発することによって、その部署の数字と状態がよくなっていくのです。

こうした前任者の否定は、個々の社員だけに限った話ではありません。会社という組織のトップである社長にしても、同じことが言えます。

２０１６年２月に私は社長職を退いて会長となり、白井《しらい》俊之《としゆき》さんが後継者となりました。彼は１９７９年入社で、社内では〝花の４期生〟と呼ばれています。

１９７３年のオイルショック以降、大企業の新卒採用が大幅に減り、都会に出ていた学生が故郷に戻って就職するUターン現象が世間で話題になっていました。そこで、勝負のときだと判断した私は、全社員が60名のときに36名もの大卒を4期生として採用しました。白井さんはそのうちの1人です。

おかげで当時のニトリの全社員数は前年比6割増となり、人件費が肥大して利益が大幅に減って苦労したものです。とはいえ、4期生は長年にわたってニトリの成長を支え、私の期待に大いに応《こた》えてくれました。

36名の大量採用も、けっして平坦《へいたん》な道のりではありませんでした。当時のニトリはまだ全国的には無名だったので、学生たちが相手にしてくれなかったのです。

カツ丼や牛丼をごちそうしながら必死で勧誘したのですが、食べ終わったらさっさと帰ってしまう学生ばかりでした。36名の4期生は、私がニトリのロマンとビジョンについて熱く語り、その話に共感してくれた貴重な人たちでした。

白井さんも私があきらめずに口説き倒してようやく入社を決意してくれたのですが、「大学まで進ませたのに家具屋なんて……」という偏見があるのが当時のご時世でした。やっと本人からOKをもらったのに、白井さんの親御さんに反対されてしまいました。

そこで、私は朝早くに白井さん宅まで出向いて呼び鈴を押しました。いったんドアは開いたものの、親御さんは私の顔を見るなりバタンと閉めようとします。

だから、私はまるで押し売りのセールスマンのように素早くドアに足先を差し入れて閉まるのを阻止し、「どうしても息子さんが必要なのです」と説得を続けました。すると、ドアを閉めようとする手が緩んだので、すかさず中に入り、今度は土下座をして頼み込んだのです。

すると、ついには親御さんも私のしつこさに音を上げて、「好きにしろ」としぶしぶ承諾してくれました。それから37年後に息子さんがニトリの社長に就任するなんて、あのときの親御さんたちは思いもよらなかったことでしょう。

前置きが長くなりましたが、白井さんに社長の座を託すときに、次のような趣旨の話をしました。

結論から言えば、「前任者の否定から始めよ」というものです。

「今のように変化の激しい時代は、これまでやってきたことをすべて否定するぐらいの気持ちで改革していかなければならない。前任者を否定して、新しいことをするのが社長。同じことを継続するようでは、社長に値しません。私がやってきたことはどんどん否定してもらっていいので、会社を成長させていってほしい。くれぐれも、私がやってきたことをマネしたり、続けたりしてはいけません」

会社という組織を全体として捉《とら》えれば、前任者とは前例を意味しており、常識という言葉に置き換えることもできるでしょう。すなわち、「前例を否定することから始めよ」ということです。

今でこそ、海外に自社工場をもつのは珍しいことではなくなりましたし、製造小売という言葉も広く知られるようになっています。しかし、ニトリが1994年にインドネシア工場を作った当時は前代未聞の話で、実際に始めてみてからもトラブルや苦労の連続でした。

けれど、人件費のみならず材料費や運営コストがはるかに安い海外に自社工場をもって自分たちで品質管理を行わなければ、今まで以上に安くて高品質の商品は生み出せないという思いが強かったので、私は前例のないことに挑んでいったのです。現に、その後のニトリは驚くほど安い値段で商品を提供できるようになりましたが、それはもともとシロウトだった私たちが工場経営から船の手配や貿易実務まで、面倒な仕事をすべて手がけてきたからです。

「差別化」とは3割以上勝ること

お客様のニーズは変化し続けるもので、つねに同じ目線でどんな商品・サービスを望んでいるのかを観察することが大事だという話を先に述べました。観察とは、既存の商品・サービスに対してお客様が不足を感じていること（＝問題点）を発見することです。

しかも、それは表面的な問題点ではありません。何が「本当の問題点」なのかを突き止める必要があり、その山を発見することができれば、８割は解決したと言えます。

ただし、お客様のニーズに関して、いつの時代であっても変わることのないポイントがあります。それは、「お客様が一番に喜ぶのは値段が安いことだ」という事実です。

ニトリが積極的に店舗の数を増やしていくのは、お客様が気軽に来店できる利便性を提供すると同時に、大量生産や大量仕入れによって仕入れコストを下げ、売価をさらに安くしてお客様の一番のニーズに応えられるようにしているからです。

テレビＣＭなどで「お、ねだん以上。ニトリ」というキャッチコピーを使っていますが、この言葉は私たちが取り扱っている商品のことを端的に表現しています。ニトリにあるすべての商品が品質・機能のすべてにおいてお値段以上の価値があるという意味です。

価格は安いけれど品質はニーズに適う。そのことにお客様が「お、」と小さな驚きを感じるという光景をイメージしています。私はこれまでに何度も、「どうしてニトリの商品はあんなに売れるのか？」と質問されてきました。その答えは、「お、ねだん以上。ニトリ」であることにつきると思います。

では、安さと品質は競合商品と比べてどれくらい勝っているべきなのでしょうか？　1割や2割では、お客様から「お、」という言葉が出てくるとは思えません。

競合商品よりも3〜5割は値段が安いか、3割以上は品質・機能性が優れているか。それが大前提であると私は考えています。この3割という数字は、キリがよくてお客様の心に響きやすいことに加えて、1972年に私が視察旅行に出かけた際に、当時のアメリカ製家具の値段が日本の3分の1であったことも関係しています。

視察から戻った私は問屋を通さずにメーカーから直接仕入れて、商品をメーカー希望小売価格のオール3割引きで販売しました。しかし、この方法ではとてもアメリカ並みの安さを維持し続けるのは無理でした。

そこで、製造コストが低いアジアで作られた製品の輸入にも手を出してみましたが、品質があまりにも悪くてクレームが続出し、その処理にかかる経費がかさんでしまいました。結局、ベンダーから仕入れている限り、マージンを取られてしまうのでコスト削減には限界が生じてしまうのです。

ただ、当時は海外に工場を構えるという発想までには至らず、国内で自社工場をもつことにしました。以前から親交のあった旭川《あさひかわ》の家具メーカーの社長から、「いとこの会社に買収されそうになっていて、私もクビを切られそうだから助けてほしい」と頼まれたのがきっかけです。

チェーンストアは自社工場をもつべきではないという考えだった渥美先生にはひた隠しにしながら、私はその家具メーカーをニトリの傘下に収めました。ところが、最初のうちはどうにか利益が出ていたものの、すぐに頭打ちになったのです。

やはり、日本は製造コストが高すぎるので、値段を安くできる余地がかなり限られているのです。そこで、アジアから家具を部品の状態で輸入し、日本の工場で組み立てるという方法を試みてみました。

簡単な組み立て作業なら高度な技術をもった職人を雇う必要がなく、パートで十分に対応できるから人件費も抑えられると考えたわけです。けれど、しばらくするとお客様からクレームが相次ぐようになりました。

輸入した部品の質が悪く、戸棚のトビラが反って開かなくなったり、イスの脚が本体から外れてしまったりするトラブルがあちこちで発生したのです。これらの数々の失敗を通じて辿《たど》り着いたのは、「製造コストの安い海外に自社工場を作り、品質管理も自分たちが行う」という結論です。

こうして、「お、ねだん以上。ニトリ」を着実に実現できるようになりました。

しかし、海外に自社工場をもつ話にしても、トントン拍子で進んでいったわけではありません。ここでは省略しますが、現地の規制や治安の問題、現地の労働者のみならず日本人スタッフの意識の低さなど、いくつものハードルを乗り越える必要があり、苦労を重ねてようやく軌道に乗ったのです。だからこそ、大幅に製造コストを抑えて3割以上の安さや品質・機能性を実現できました。

えてして誰もが面倒に感じることは、それだけコストがかさむものです。そういったことを社内でやるようにすれば、商品・サービスの値段を大幅に下げられますし、おのずと技術も蓄積されていくので、ノウハウがさらなる利潤を生むことにもつながります。

面倒なことはすべて社内で手がけるようにして、誰でもできる簡単なことは外注すればいいのです。

店舗数が増えたことで、自社開発が可能となってきたのもニトリの強みです。

新たな接触冷感素材を用いた「Nクール」がその一例で、ニトリだけで年間850万個以上を販売するヒット商品となっています。通常、他の流通大手はオリジナル商品の開発と生産をメーカーに委託していますが、「Nクール」は技術開発だけを素材メーカーにもちかけ、生産をニトリが担うというアライアンスを用いました。

やはり、こうした話を進められるのは生産設備を自前で用意できるからです。素材メーカーとしても、ニトリという大きな販路があるわけですから、競争し合って開発を進めてくれます。

なお、ニトリが工夫を凝らしているのは、商品作りだけにとどまりません。販売の現場でも、お客様の求めていることに徹底して応えられるように努めています。

たとえば、店頭のPOP広告は本部で作成して全店舗に配付しているのですが、単刀直入でわかりやすい説明にこだわっています。「キャッチコピーは15字以内」というルールを定めて担当者が知恵を絞り、お客様に伝わりやすい表現をつくり出しているのです。

テレビCMでも繰り返し流しているように「お、ねだん以上。ニトリ」であることは間違いないので、売り場で商品を見ただけで購入したい気分になる演出手法を開発しています。

交渉事は
3回断られてからが本番

交渉事は断られてからがスタートだと私はいつも考えています。おそらく大半の人は、3回断られたら、脈なしと判断して交渉を止めてしまうでしょう。

しかし、3回目までは自分という人間について知ってもらうための挨拶《あいさつ》にすぎず、4回目からが交渉の本番なのです。もちろん、4回目に本来の交渉に持ち込むには、それまでに自分が信頼できる人間であることを相手にわかってもらわなければなりません。

そのために肝心なのが愛嬌《あいきょう》と度胸、さらに執念です。愛嬌と度胸については第4章で詳しく触れますが、執念については私の半生そのものだと言えるでしょう。

愛嬌と度胸、執念がしっかりと身についたのは、幼少期に母のヤミ米販売を手伝っていたときに母親から厳しく指導されたおかげです。ある冬の日、薄い防寒着にペラペラのゴム1枚の長靴履きでブルブル震えながら配達していたら、その家の玄関を出た直後に母親からいきなり殴られたことがあります。

そして母親は、「相手先の家ではきちんと挨拶して、にこにこしていろ。震えている姿なんて、相手が不愉快なだけだ」と怒鳴りつけたのです。それから意識して笑顔を見せるようにすると、「僕、かわいそうね」と言われて、リンゴやミカンをもらえました。それからというもの、私は家の外ではつねににこにこしているようになったのです。

交渉事は3回断られてからが本番だという一例を紹介しておきましょう。1972年のアメリカ西海岸視察セミナーから帰国して間もなくのことです。

チェーンストア化することを決意して手始めに私が取りかかったのは、私の2つの店を経営難に追い込んだライバルへの逆襲でした。競合店の四方から取り囲むように、札幌市内の東西南北に店舗網を作ろうと考えたわけです。

最初に出店先を探したのは競合店の西側で、3号店を開くのに相応《ふさわ》しい土地を物色し始めました。1店目は当時30坪、2店目の北栄《ほくえい》店が250坪だったので、もっと広い土地であることが前提でした。

そして、札幌市北区《きたく》の麻生《あさぶ》に350坪の好物件を見つけたのです。商売をするには最適でした。ところがそこは、4人の兄弟が共同所有していて、今までどれだけ好条件の買収話をもちかけられてもクビを縦に振らなかったため、地元の不動産業界では「難攻不落の地主」として有名でした。

案の定、私が出向いて話を切り出そうとすると、地主のご長男が出てこられて、段ボール箱いっぱいの名刺を見せます。これだけの人間がやってきたけれど、すべて断ったし、おまえもその1人になるという意思表示です。

けれど、私はめげずに2回、3回と顔を出して愛嬌をふりまきました。そのうえで度胸を据えて、「私は日本人の住まいにもアメリカのような豊かさを提供したい。その拠点としたいので、どうか土地を譲っていただきたい」と熱く訴えたわけです。

視察旅行で見聞きしてきたことについても、実際に写真を見せながらあれこれ説明し、いかにアメリカ人たちが豊かな暮らしぶりであるのかを訴えました。さらに、最後は「言い値で買います！」と締めくくったところ、ご長男が同意して3人の兄弟を説得してくれたのです。

結局、1坪35万円という条件を提示され、相場より15万円程度も割高で、当時の年間売上高の半分近くに相当する資金が必要になりました。しかし、それでも私は勝算ありと見込んで購入を即決しました。

ただし、手元に資金があったわけではありません。現実には資金繰りに困っていて、依然として倒産の危機と背中合わせでした。

私は北洋相互銀行（現北洋銀行）に足を運び、融資を願い出ました。当然のごとく、最初はあっさり断られたのですが、執念を燃やして「とにかくいい場所なのです」と食いついて離れませんでした。そして、ご長男を口説き落としたときと同じように、アメリカ西海岸視察セミナーで芽生えた私の中のロマンについて切々と語って、ひたすら説得を重ねました。

すると、銀行の担当者もついにクビを縦に振り、1973年に10台分の駐車場を備えた

3号店を開業することができました。現在、本社となっている札幌麻生店の前身です。

隣の敷地を借りてチャリティーオークションを開催し、北海道で人気の漫才師がその司会を務めたこともあって、オープン初日から大盛況でたくさんのお客様が詰めかけました。私の見込み通り、この土地は商売に最適のロケーションだったのです。

1年目は初期投資の費用を回収しきれませんでしたが、2年目には黒字化を果たし、経営難の似鳥家具店にとっては起死回生の一打となりました。それはひとえに、3回断られても交渉をあきらめなかったからです。

第2章

上に立つものの心構え

挑戦を忘れない

16

普通の人は、難度の高い順に問題が5つ並んでいれば、5番、4番、3番といった流れで簡単なほうから手をつけようとするものです。しかし、大事なのは必ず重要な順位から1番、2番で、私なら何の躊躇《ちゅうちょ》もなくそちらのほうから挑みます。

仕事とは、挑戦の連続なのです。ロマンとビジョンを実現するためには、絶えず過去の成功よりもさらに大きな結果を追求しなければなりません。

そもそも過去の成功はあくまで過去のものにすぎず、現在や将来にはもはや通用しないもの。過去に高い実績を残してきた優秀な社員であっても、挑戦を止めて守りに入ってしまったら、その瞬間から錆《さ》びつき始めて、やがては使いものにならなくなります。

人間とは、現状を否定することによって、初めて成長できるのです。ただ、私自身にも挑戦から逃げようとした苦い過去があります。

北海道では札幌市以外にも出店して知名度も上がり、1989年の9月には札幌証券取引所に株式の上場を果たしたニトリでしたが、私は次の攻めをなかなか仕掛けられませんでした。正直、地方から東京や大阪に進出するにはかなりの度胸が求められるのです。

私は津軽《つがる》海峡を渡って勝負を仕掛けるのが恐くて、本州での出店に二の足を踏んでいました。

すると、1979年入社の4期生を中心とした社員たちが詰め寄ってきたのです。

「日本の人々に住まいの豊かさを提供するというロマンはどうなったのですか？　私たちは、そのためにニトリに入社したのですよ！」

4期生とは、オイルショック後の不況で大企業の新卒求人が減って地元で就職する学生が増えたのをチャンスと見て、私が大量採用に踏み切った人たちです。当時はまだ東京で知名度が低かったことから、彼らの多くはニトリ（当時はニトリ家具）への入社を渋っていましたが、私がロマンについて熱く語って口説き落としたのです。

社員たちにドンと背中を押されて、私は腹を括《くく》ることができました。苦労に苦労を重ねてようやく順調に成長し始めていたタイミングだっただけに、私は本州進出に失敗してふりだしに戻ってしまうことを恐れていたのです。

しかし、社員たちの言葉を耳にして、覚悟を決めました。自分の成功のためではなく、ロマンとビジョンを胸に秘めて突き進んできた社員のため、住まいの豊かさを日本の人々に提供するためだという大志を再確認したうえで、本州への進出を実行に移しました。以来、私は挑戦を躊躇しなくなりました。なかなか結果が出なかったとしても、持ち前の執念で挑戦し続けていったのです。

2004年に設立したベトナム工場で製造している自社開発のベッドマットレスにしても、2015年から大ヒットして一気に23万枚、2017年には50万枚を記録しました。

しかし、これも最初から上手くいったわけではありません。

日本で家具の主流だった箱物（簞笥《たんす》など）の時代はもう終わると予見した私は、その何年も前からマットレスの開発を命じていました。しかし、なかなか期待通りの進展が見られなかったことから、私が自分で指揮することにしたのです。タイの工場長と何人かをスカウトしてスタートしました。

開発が進んでいなかったのは、「ベッドのマットレスは固めのほうがいい」という妙な思い込みに担当者たちが縛られていたからです。しかし、お客様が実際にそれを求めていたわけではなく、単に業界内の古い常識に惑わされていただけでした。

そこで、私はポケットコイルという仕組みをマットレスに採用することにしました。マットレスの中のコイルが個々に独立しているのが特徴です。

既存のベッドメーカーのマットレスはコイル同士がつながっていて、たとえばダブルベッドで隣に寝ている人が寝返りを打つと、その振動が自分の側にもダイレクトに伝わってきます。独立して動くポケットコイルのほうが明らかに快適なのですが、コストが高くなるので、既存のベッドメーカーは手を出さなかったのです。

ニトリでは、コイルまで自分たちで製造することでコストを抑え、他社では5万円以上で販売しているシングルベッドマットレスを2万9900円で提供できるようにしました。

その結果、赤字続きだったベッド部門が前述したような大ヒットを遂げて黒字化を達成しました。

このように赤字事業を黒字化させることで、会社というものは大きく成長していきます。それは個々の社員も同じで、簡単には上手《うま》くいかないことに挑戦し続けることで自分が大きく変わっていきます。

ニトリでは1人1人の社員が30年単位で計画を作成し、それを週単位まで細分化して目先の目標まで設定したうえで観察と分析を毎週行い、問題点を見つけて改善と改革を行っています。この週次決算では、いくら儲《もう》かったのかが焦点ではありません。

こうしてニトリでは全社員が毎週の目標に取り組んでおり、1年で52週分の成長を遂げています。業績好調であっても、機会損失などの失敗は起こりえます。週単位で観察していなければ、微妙な狂いが蓄積、拡大し、気がついたときには取り返しのつかない状況に陥っているものです。

しかし、ニトリでは誰もがロマンとビジョンのもとで自分自身の目標を定め、週単位で挑戦を続けているからブレない。ブレても修正できます。全社員が70歳までの年間計画を書いています。

不況、逆境を成長の糧とする

ニトリの歩みを振り返ってみると、円高に円安、好景気に不景気といった具合に、環境が劇的な変化を遂げる中で成長した50年間だったと痛感しています。そして、こうして波《は》瀾《らん》万丈だったからこそ、社員を鍛える絶好の機会となったと思っています。

今まで私は、いつ頃から景気がよくなりそうかと予測したことは一度もありません。好景気はむしろ私にとって迷惑で、一番危険な局面だと考えています。

なぜなら、景気がよすぎると社員が特に努力しなくても業績が拡大し、その状況が当たり前のことだと勘違いしてしまうからです。このように油断した瞬間から社員は保守化し、会社の成長は止まります。

大切なのは、景気が悪くなったときに何をするのかです。逆境下では新しい手法や発想、技術を駆使して仕事に取り組まなければ、なかなか増益を達成することができません。だからこそ、逆境は社員の意識改革を図る最良の場であり、それによって強靭《きょうじん》な組織をつくることが可能になります。難局であればあるほど人は知恵を絞るもので、好景気の時代には想像もつかなかったような分野に目をつけたり、斬新《ざんしん》な発想が浮かんだりします。

逆境下では当然、失敗するリスクも高くなりますが、そのことが人を育てることにつながります。社員が自らの意思でリスクを背負う覚悟を決めることが大切です。

そうやって率先的にリスクを取らなければ、社員は成長しないものです。

私自身は、これまで逆境を逆境と感じたことはありません。目の前に立ちはだかっている障害はチャンスの証《あか》しであると捉《とら》え、その壁を突破すれば一段上のステージに進化できると思って取り組んできました。障害というものは避けるべきものではなく、腹を括ったうえで乗り越えればいいものなのです。

会社としても、不況こそが挑戦のチャンスでした。他業界が業績の悪化で四苦八苦している場面でこちらが動けば、外に放出された優秀な人材を獲得できます。また、ライバルが手をこまねいているのを尻目《しりめ》に、安くなった土地に新店舗を建てられます。

これまで私は、つねに一般的な会社とは逆に動くように意識してきました。景気がいい局面ではあえてスピードを抑え気味にし、景気が悪い局面ではむしろスピードは倍にアップして進んできたのです。

土地も株も上がっている局面ではなく、大底まで落ちた局面で買わないとダメです。それに、逆境を経験することで免疫もできます。逆境に対抗できるように、会社の体質も筋骨隆々になって強くなっていくのです。

しかし、好景気の中で体質改善を図るのは難しく、むしろ余計な脂肪がついて身動きがとれなくなりがちです。

空前の不景気の中でニトリが攻めの経営を示した典型例として挙げられるのは、やはり

2008年9月に発生したリーマンショックの前後で実施した商品の「値下げ宣言」でしょう。この年に開かれた役員会で、私は値下げに反対する役員たちに次のように訴えました。

「今回は損得抜きで資金を使おう。確かに原材料費や燃料費は上がっているが、統計によると、サラリーマンの収入はここ何年も下がり続けている。別に『値下げしてほしい』と言われているわけじゃないが、数字を見れば明白だ。お客様は値上げではなく、値下げを望んでいる。だったら、こういうときこそ恩返しをするべきだ。当社の増収増益記録が途絶えてもいいじゃないか！」

こうして役員たちを説き伏せ、ニトリは2008年の5月から約1年間で6回にわたる値下げを実施しました。しかし、それでも荒利益高は下がっておらず、売上高が伸びたことでしっかりと利益は得られたのです。

その結果、さらなる値下げ原資も確保できたということです。値下げをしてもお客様が増えるから、またもや値下げできるという好循環がもたらされました。

たいていの会社は、原材料費が上がれば消費者に値上げを容認してもらうように働きかけるものです。けれど、ニトリはその逆の手を打ったわけですから、相当なインパクトをもたらしました。ただし、それを可能とするためにも不況に対しての準備が必要です。ニトリはつねに準備万端で、不況が訪れるのを待ち受けているわけですから、こうした違いが大きな差別化につながっています。

だから、多くの人が2020年の東京オリンピック・パラリンピックを楽しみにしているでしょうが、私が今から注目しているのはさらにその先のことです。おそらく、反動で日本の景気はかなり悪くなってしまうでしょう。

2020~2022年の間に、不動産価格は半値程度まで下がってしまう可能性があります。そのときこそ、ニトリにとって大きなチャンスが訪れると私は思っています。

今は店舗の8割をテナント物件が占めていますが、不景気になって不動産価格が急落したら、一気に自社所有物件を増やすのです。テナント物件には面積的にも制約がありますし、立地も変えられませんが、安く手に入れた自社所有物件なら思い通りの店づくりが可能となります。

それに、景気が悪化すると大手企業の多くは人材採用を抑えるのでしょうから、ニトリが優秀な人を獲得するチャンスも拡大します。今は人手不足で大卒採用は典型的な売り手市場となっていますが、不景気になると買い手市場に逆転するわけです。

このように、私は不景気が大きなチャンスだと捉えており、まだ好景気の真っ只中の段階から待ち構えています。だからこそ、不景気になった瞬間から攻めに出られるのです。

改善と改革を区別する

18

創意工夫や改善・改革を日頃から習慣化しているのが強い組織で、それを実践できない社員は社内競争に勝ち残れません。ただし、改善・改革とひとまとめにして表現されがちですが、改善と改革は違うものだと私は捉えています。

改善はあくまで「応急措置」にすぎず、医学の世界で言えば対症療法。これに対し、改革は「制度対策」であり、根治療法なのです。

景気がいい局面なら、調子が多少悪くなってきても改善程度の対策でしのげるかもしれません。しかし、景気が悪い局面では改革によってそれまでの手法を捨て去り、新たな取り組みが必要となります。

裏を返せば、好景気のときにはなかなか改革が進まないものです。不況になってようやく改革が必要だと気がつきます。

ただ、改革は改善に毛の生えた程度のものでは通用しません。世間がまったく予測しないことをやる必要があると私は思っています。

ニトリでは、ウィークリーマネジメントを実行していますから、毎週が改善と改革の連続です。全社員に提出を義務づけている週報では、前週の売上や利益の数字とともに、その変化から浮かび上がってくる問題点について各自に記入してもらっています。

週報では、観察、分析、判断という3つのポイントを重視しています。まず、毎週の数字を観察することで問題点を見つけ出し、その原因を分析し、仮説を立て、現場、現物、現実の状況を調査したうえで、改善案（応急措置）や改革案（制度対策）を判断するという作業を毎週繰り返しているわけです。

まだ社歴の浅い20代の社員に対しては、観察に時間をかけるように指導しています。そうすることで、多くの問題点に気づくようになってもらいたいのです。

これに対し、30代以上の社員には分析力と判断力、解決力が求められてきます。したがってニトリの場合、30代になれば極めて生産性の高い仕事ができるようになっているはずです。

影響力のおよぶ範囲はまだ小さいとしても、他のメンバーを動かして効率的に仕事を進めたり、それまでの仕組みを見直したりすることも可能になっています。つまり、改善は30代の仕事なのです。

そして、40代以上の幹部に求められるのが改革。今までやってきたことを全否定したうえで、新たな制度を開発することが求められます。

もちろん、個々の社員が挙げた問題点などに関する情報は所属部署で共有しています。20代の社員が発見した問題点を30代の社員が改善したり、あるいは40代の幹部が改革したりといった連携になるわけです。

もう1つ、私が重視しているのは「働きがい」とともに「生きがい」です。この2つは大きく異なっており、「働きがい」が短期的なものであるのに対し、「生きがい」は生涯をかけて追求していくものです。

人間の肉体は年々老いていきますが、ロマンを抱いていれば心は衰えることがありません。私の心はまだ20代の青春真っ盛りで、死ぬまで現役で仕事に夢中でいたいと思っています。

だから、社員たちにも「働きがい」だけでなく、「生きがい」を見出《みいだ》してもらいたいのです。1人1人が自分なりのロマンをもち、人生を成功させてほしいと願っています。

それを応援する意味でも、ニトリではエキスパート社員を定年後も再雇用し、いつまでも働き続けられる環境を整えています。ロマンとビジョンがあれば、仕事はもちろん、人生を謳歌《おうか》することへの意欲も尽きません。

上に立つものの心構え　4

スカウトされる人間になる

19

経営の一端を担う社員を一人前に育て上げるには20年、30年といった長い時間が必要です。私は創業当初から、優秀な人材をとにかく一人でも多く育成したいと思っていました。しかし、まだロマンとビジョンについて知らなかったこともあって、１９７５年に初めて5名の大卒社員を採用したものの、あまりにも労働環境がブラックで、全員が退職してしまったことは序章でも触れた通りです。

その後も大卒社員の獲得には苦労し、10人に声をかけて１人が関心を示せばいいほうで、毎年10名程度しか採用できませんでした。それに、入社しても7～8割が数年のうちに辞めてしまうのです。

当時は私も経営者として未熟で、考え直すように説得する言葉も浮かびませんでした。現社長の白井さんをはじめとする１９７９年入社の４期生（36名採用）にしても、その3分の2以上が途中で会社を去っていきました。

結局、残ってくれた人たちは、私のことを頼りないと思いながらも、素直に信じてくれたのでしょう。いつもロマンとビジョンを口にしながらも迷いがうかがえた私に代わって、「自分たちがチェーンストア化を実現させるしかない」と覚悟を決めてくれたのです。

現在のニトリでは、４期生の入社から17年の月日を経た１９９６年までに入社して、20年以上のキャリアに達している生え抜きの大卒社員が１７０名以上います。大卒の定期採用も2018年入社で43期となり、同年は500名を採用しました。

一方、新卒採用とともに中途採用にも積極的に取り組んできました。外から人材をスカウトせずに、生え抜きだけで成功した企業はないからです。

即戦力となる優秀な中途採用者の獲得抜きで、時間をかけて新卒社員を育てながら企業が成長を続けるのは困難です。そして、新卒社員の教育においてめざしているのは、他社からスカウトの声がかかるようなスペシャリストに育てることです。

もしもニトリの優秀な社員が実際に他社から引き抜かれようとして、その人物を手放したくないと判断したら、私はもっと有利な条件を提示して引き留めます。貴重な戦力に支出を惜しまないのは当然です。

他社からスカウトされるのは、社内だけにとどまらず、外部からもその能力を高く評価されていることの証し。上司がそのような人物なら、部下もその指示に従いやすいはずです。

なお、待遇面に関しては、業績が伸びたときだけ給料のベースアップを行うという発想を私はもっていません。たとえ足元の業績が厳しかったとしても、あえて先にベースアップを実施するというのがニトリの基本です。

そのうえで、社員に安心して働いてもらって業績回復を果たすことができれば、それでいいと考えています。

もちろん、「ベースアップを先に行う」という判断は、なかなか簡単にはできるものではないでしょう。しかし、私と社員の間には信頼関係が構築されています。彼らなら、きっと挽回《ばんかい》してくれるだろうと信じているのです。

ずっとこうした信頼関係のもとでやってきましたし、期待以上の成果が挙がれば決算手当でも報います。それがニトリのやり方です。決算手当の中身もニトリならではなのですが、その話は第4章まで取っておきましょう。

人は9割変わらないと悟る

20

アメリカ西海岸視察セミナーで自分の人生を賭《か》けるべきロマンを見つけるまでの私は、自分の暮らしのことを考えるだけで精一杯。何度となく自殺まで考えたように、自分の暮らしさえも危ういものでした。

ところが、ロマンが明確になってから、それまでの消極的な考え方が一変しました。それまではできるだけラクをしたいと思っていましたが、その後はまったく休みを確保できなくても仕事が楽しくてたまらなくなったのです。

なぜなら、「日本人の住まいにもアメリカのような豊かさを広げるのだ」というロマンを掲げて努力することに、他のことでは得がたい達成感があったからです。まさに新たに発見したロマンは、私の人生に180度の変化をもたらしました。

もっとも、現実を直視してみると、私のように人生観がガラリと変わる人は少数派にすぎません。残念ながら、9割の人はほとんど変わらないまま人生を終えるのが宿命です。

自分を大きく変えられるとしても、多くの人は40代になってからそのタイミングが訪れるでしょう。渥美先生いわく、「早熟の人でも35歳頃」だそうです。

私の場合、アメリカ西海岸視察セミナーに出かけたのは27歳のときでしたが、その直後から考え方が急変したわけではありません。渥美先生主宰のペガサスクラブに入会し、チェーンストアの勉強を始めたのは33歳のときでした。

果たして、自分が変わることのできる1割なのか、それとも変わることのできない9割なのか。それは、本人の心がけや今後の出合い次第でしょう。

それよりも、マネジメントの側に立つ人間として大切になってくるのは、「9割は変わることができない人たち」であることを念頭に置いたうえで部下に指示を出していくことでしょう。

異なる言い方をすれば、9割の社員は守りに入って、現状を維持することだけを考えがちだということです。率先してリスクを取って前例のないことに挑戦できるのは、社長や役員、管理職に限られてくるのが現実です。

そして、社長は20~30年といった長期スパンの戦略を練り、役員は時流に乗るために乗り物の変更（経営戦略）を5~10年タームで判断します。管理職はそういった方針に基づきながら、目の前の課題を解決していくために、「変わらない9割の人」を上手く活用していくことが求められるわけです。

そもそもマネジメントとは、数字と状態について明確な目標を立ててそれを実行すること。そして、部下に作業させてその数値責任を果たすべき人が管理職です。

具体的な手段としては、①調査による事実確認、②決まり事（制度）を修正し続ける、③部下に教え続ける、④決まり通りに行動する部下を評価する、⑤決まり通りの作業の進め方を習慣化する――といった5つが挙げられます。

その一方で、社長としてはできる限り多くの社員が「変わらない9割の人」から脱するため、教育に力を入れていかなければなりません。

だから、ニトリでは1年52週の週単位ウィークリーマネジメントによって改善・改革を習慣化させることに力を入れているのです。

第3章

人づくり、組織づくりの原則

会社は1%で動く

劇的に進化する人は全体の1割にすぎず、9割の人は自分を変えられないという話には第2章の最後で触れました。つまり、社内の9割におよぶ社員たちは、現状を維持できればそれでよしと思う守りの姿勢なのです。

入社した時点からニトリのロマンとビジョンを共有したうえで、「生きがい」発見のために仕事をするのだということを教えても、その理解には個人差が出てきます。経本さえあれば誰でも念仏を唱えられるものの、その言葉の意味を完全に理解できる人が少ないのと同じです。

こうして「変わらなくてもいいと考えている人」が圧倒的多数を占める中で新しいことを進めていくのは、けっして容易なことではありません。しかし、現状を否定して今までとは違うことにどんどん取り組んでいかなければ、会社の成長は止まってしまいます。けれど、あまり悲観的になる必要はありません。会社というものは、明確なロマン(大志)を抱いている1%の人間で動かしていけるのです。

ニトリという会社組織を縦に見ると、上からトップマネジメント(上層部)、スペシャリスト(マネジャー)、担当者というシンプルな3層構造になっています。会社を動かす1%とは、トップマネジメントに就いている人たちのことです。

さらに組織を横に眺めてみると、ニトリの場合は職能(仕事における責任の種類)によるグループ分けが行われており、クリエイティブライン（1部署）、ラインスタッフ（10部署）、オペレーションライン（5部署）、サービス（6部署）、スタッフ（5部署）といった5職能27部署と11の関連会社によって構成されています。

個別に見ていくと、社内で「稼ぎ屋」と位置づけられているクリエイティブラインは商品企画から開発までと仕入れにより原資を確保しています。ラインスタッフは「潤滑油屋」で、店舗開発や営業企画、広告宣伝、品質業務改革などに携わっています。「儲《もう》け屋・PR屋」のオペレーションラインでは、店舗運営や法人事業、通販などを展開、利益を確保しています。サービスは「事務屋」として、財務経理や人事労務、総務などを担当し、スタッフは「企業の長期的成長を担う成長屋」で、組織開発室や経営計画推進室などに分かれます。そして、スタッフの多くはトップマネジメントに属します。

関連会社としては、アメリカや台湾、中国の店舗、ベトナムやインドネシアの自社工場、物流施設を運営している会社などが挙げられます。そして、これらの横割り組織を統轄しているのが社長です。

ここまで多岐に渡る組織を動かし、日々改善と改革を推進できるように促すのがトップ（上層部）なのです。約５５００人の従業員、約1万２０００人の外、平均臨時雇用者（２０１８年2月20日時点）における１％と聞くと、まさに一握りだという印象を抱くでしょう。

しかし、実はニトリに入れば、誰でもその1％に入るチャンスが与えられるのです。詳しくはこの章の中盤できちんと説明しますが、他の大手企業と比べてもニトリの教育制度は非常に充実していて、学びたいだけ存分に学ぶことが可能です。

私自身、本書の冒頭から何度となく触れてきたように、若い頃は何をやっても失敗続きで、巨大化した今の組織を率いていることを不思議に思うことがよくあります。やはり、ロマン（大志）があったからだというのがその結論です。

なお、ニトリではパートやアルバイトとして採用されている人たちにも、社員登用制度というチャンスを提供しています。社内試験に応募・合格することで、転居のない契約社員、またはエリア限定総合職社員へ登用されるというものです。

契約社員は個別に契約した部署で勤務するのが原則ですが、エリア限定総合職社員はニトリにおける転居のない総合職社員として、さまざまな部署への配置転換を行います。つまり、後述する「配転教育」を受けられるのです。

学歴は気にしない

22

現在、ニトリでは毎年500名程度の大卒者を採用しています。就職を希望する学生たちの間で特に関心の高い仕事の内容について説明しておきましょう。

まず、店長は文字通り店舗におけるトップで、自分たちがめざしている利益を達成することに対して責任を負っています。お客様にいっそう満足してもらえるように、現場からの改善提案を日々行っています。店舗に所属する全従業者の教育・評価から設備・備品の管理に至るまで、すべての現場作業を習得していることが前提です。

そして、全国のニトリやデコホームで取り扱っている商品の企画に携わるのが商品部バイヤーです。あらゆる角度から調べた調査データをもとに売れ筋を見極め、商品ラインナップや売り場構成などを計画します。グローバルな視野で競合店や市場動向を調査する必要があり、国内外の店舗視察や製品見本市などに月1~2回のペースで出張があります。

それとは別にメーカーが製品化に取り組んでいない機能や新品質の商品を開発するのが商品部マーチャンダイザーです。原材料や製造工場、サプライヤー、物流ルートの選定から、店舗での売り場展示方法、POP広告の企画・立案まで、その守備範囲は広範に渡っています。海外工場との関係も密で、月に平均2週間程度の海外出張があります。

学生にとっては店舗のほうが馴染《なじ》み深いでしょうが、一方、ニトリでは法人向けのビジネスにも力を入れ始めています。オフィス家具の提供や、事務所・営業所などの改装提案などを手がけており、ニトリとしては珍しく、こちらから積極的に情報発信や提案を行い、他社のビジネス環境向上に貢献することをめざしています。

他にもさまざまな仕事があり、すべてをここでは説明しきれません。採用された人たちの配属先もさまざまですが、後述する「配転教育」によって数々の経験を積み重ねられるようになっています。

最近は、私自身が採用面接に関わるケースがなくなってきましたが、大卒者採用を始めた当初から一貫しているのは、「チャンスは平等に、評価は公平に」という考え方です。けっして建て前ではなく、選考において年齢、学歴などは一切関係ありません。

私自身が立証しているように、机上の問題を解く力と実社会で活躍する力はまったく異なっているからです。その両方を備えている人は少なくないのですが、むしろニトリの人事採用では高学歴の人だけに偏らないように配慮しています。

私にとってロマンとビジョンがすべてであるように、ニトリが求めているのは、大志を抱いて自分を大きく成長させたいと思っている人たちです。突出した才能をもち、特に努力をせずとも自分の実力だけでそつなくこなせると思っている自信家はお断りです。

つまり、現時点でその人に備わっている能力ではなく、その人が将来に対してどれだけ大きな夢を描いているのかを選考基準としているわけです。序章においてロマンとビジョンを達成するための企業文化として「4C主義」を挙げましたが、これらのキーワードは人財採用においても大切な意味をもっています。

すなわち、「チェンジ（変化）、チャレンジ（挑戦）、コンペティション（競争）、コミュニケーション」の4つに対して非常に意欲的な人を求めているのです。

もはやニトリのビジネスモデルは製造小売という言葉でも表現しきれず、「製造物流小売」にまで拡大しているだけに、今後も携わる分野は増え続けて仕事の内容もいっそう多岐に渡ることになるでしょう。そのあちこちで、大志を抱く人たちの自己実現のチャンスが待ち受けています。

最良の教育は「配転教育」

私が渥美先生のペガサスクラブに入って組織論を学んで以来、ニトリでは約40年にわたって「配転教育」という方針を貫いています。これは、比較的短期間で数多くの異なる部署に異動させて、さまざまな仕事を経験してもらうというものです。

渥美先生のチェーンストア理論では、18カ月ごとの配転が推奨されていました。けれど、それだけの短期間で仕事をきちんと覚えられるのはかなり優秀な人に限られてしまうため、ニトリでは1つの部署に2～3年は在籍してもらうようにしています。

おそらく、入って間もない新人社員にとっては非常に恐ろしいことだと思います。やっと慣れてきたと思ったら、その矢先にすぐ別の職務に就かされてしまうわけですから。しかも、それが延々と繰り返されていくわけです。

しかし、最初から20年先のことを見据えて、新人社員たちが戸惑うことを承知で「配転教育」を行っています。「配置転換」の積み重ねとその間に施す理論教育によって、次々と新しい知識や技術を習得し、20年が経った頃には立派なプロフェッショナルに成長しているのです。

大手企業においても、入社当初から20年先を展望した体系的な教育プログラムを作成しているところは多くはないでしょう。ビジネスのプロを育てたいと思ったら、徹底的に「配転教育」を行うのが一番だと私は考えています。

しかも、「配転教育」によって育つのは、特定の分野だけに強いプロではありません。いろいろな分野で専門性を発揮できる豊富な知識と経験を備えるスペシャリストであるのと同時に、製造から物流、販売に至るまで消費生活を広く把握しているゼネラリストでもあるのです。

ニトリの新入社員たちは、最初に全国のニトリ店舗や物流センターに配属されます。他業界、他社での実務経験を見込んで即戦力としてスカウトした中途採用者であってもけっして例外ではなく、まずは現場を体験してもらうわけです。

こうして、他の店舗や本部のさまざまな部門に配置転換を繰り返しながら、店舗のフロアマネジャー、副店長、店長といった具合にキャリアアップをめざしていきます。

昔は人手が足りない中で店舗数を急増させていたので、入社2～3年目にして店長を任せるケースもありました。しかし、今は店長になるまでに7～8年の経験が必要となっています。

個々の社員の隠れた長所を発見できるのも「配転教育」の大きなメリットです。人間の適性というものは、本人の嗜好や過去の経験や職歴だけでは判断できません。

やらせてみて初めて、その人の意外な能力に驚くということが少なくないのです。私自身も対人恐怖症で接客が大の苦手でしたが、妻に任せて仕入れと配送を担当するようになって、ようやく自分の適性に気づきました。私は仕入れのほうが得意だったのです。コンプレックスとなりがちだから、短所のことは自分自身でよくわかっているのが人間です。ところが、長所については意外と自覚していないケースが多く、会社の中ではいろいろな仕事を経験してもらうことで見つけ出すしかないのです。

また、配転のペースが速い人は、仕事を覚えて戦力化するのが早いということになります。裏を返せば、1つの部署に何年もとどまっている人はそれだけ成長が遅いわけです。とはいえ、ペースは遅くてもつねに前進しようと努力している人には、その長所を生かすべく会社として積極的に支援を行っていきます。

商品の企画から素材の手配、製造、物流、店舗販売、さらに商社機能と、「製造物流小売」を展開するニトリの事業領域はとてつもなく広くなっています。近年はネット通販、IT技術の導入にも力を入れており、「配転教育」を通じて多種多様な経験が得られます。

1つの会社でこれだけの数の仕事を経験できるのは、他に類を見ないのではないでしょうか？

教育投資は分け隔てする

24

昔から「しつけや訓練は厳しく」というのが私のモットーで、「優秀な人ほど歯を食いしばってついてくる」と思っています。ただし、単に厳しいだけではなく、ニトリでは社員の教育のために資金も時間も労力もたっぷりと注ぎ込んでいます。

ニトリの社員1人当たりの年間教育費は一般的な上場企業の5倍に達しているのです。私がそこまでこだわっているのは、ロマンとビジョンを実現するために、競争に打ち克《か》つ強い社員の育成が不可欠だからです。

期待している人たちに対して積極的に教育投資を行うのは、「将来的に投資額の何倍にも相当する利益を会社にもたらしてください」という私からのメッセージでもあります。

独自のカリキュラムは長い時間を費やして試行錯誤を繰り返しながら体系化され、現在は「ニトリ大学」と総称されています。

教育が専門の社員だけでも30名ほど抱えており、その内容はまさしく大学のレベルに匹敵しています。多彩なカリキュラムが用意され、それを受講するごとにステップアップしていけるようになっているからです。配属前の全体研修を皮切りに、1年目の新人研修、2年目と3年目の年次別若手研修、以後も部署別・職位別研修といったようにキャリアステップごとにカリキュラムが組まれています。

また、「階層別研修」では入社期別に年に3〜4回行われる若手社員向けの期別研修、店長認定研修のように職位に応じた教育、中堅管理者研修をはじめとする経験や期待する役割によって対象が変わる選抜教育を行っています。

私が以前から強いこだわりをもって実施してきたのが「アメリカセミナー」で、創業当初から抱いてきた「住まいの豊かさを日本の人々に提供したい」というロマンを共有するためのものです。

毎年、パートも含めて約1400人の従業員が参加し、アメリカの最先端のチェーンストアを視察し、さらにアメリカの住生活の豊かさを自分自身の目で実感してもらいます。入門コースから上級コースまで、それぞれのステージに応じたカリキュラムが組まれており、各部署での業務改革にも反映されています。

「グローバルトレーニー制度」は2032年までに世界3000店舗を実現するために新設されたものです。グローバルに通用する人を育てることを目的に、若手社員から対象者を選抜し、数年間にわたって実際に海外赴任を経験します。

「eラーニング」や「ニトリカラーコーディネートスクール」のような社内スクールとともに、「教育資格取得一時金制度」や「教育マイレージ制度」といった社外資格取得や社外研修も積極的に採用しています。「教育資格取得一時金制度」では、会社が指定する資格の取得や検定の認定によって一時金が支給されます。

「教育マイレージ制度」では、意欲的に勉強して結果を残した人にマイレージが与えられ、所定のマイレージに達するとアメリカセミナーへの参加や、検定・資格試験受験料の補助などといった追加投資を受けられるようになっています。

こうしてニトリでは実にさまざまな制度を用意しているわけですが、全社員に分け隔てのない教育投資を行っているわけではありません。むしろ、教育投資に関しては意識的に分け隔てを行うようにしています。

自ら率先して学ぼうという意欲が強く、かつ相応の結果を出している人たちに大きな投資をしているのです。たとえば、3年ごとの海外研修に参加できるのは上位半分以上の評価を得ている社員たちです。

参加できないのは、現状維持でよしとの思いが強い安定志向の社員たちということになります。彼らは彼らで、自分自身が求める方向で新たな道を探すべきでしょう。

20代は身体で覚え、30代は過去を否定し、40代で新しいものを創る

25

大卒社員は最初に店舗か物流センターに配属されますが、誰もが想像以上に現場の作業が多いことに驚いているはずです。慣れないと目が眩《くら》みそうになるでしょうが、いずれの作業もお客様が必要としているもので、けっして面倒がってはいけません。

スポーツと同じく、仕事も最初のうちは何度も繰り返していくことで、身体で覚えていくのが一番です。20代とは、そうやってとにかく身体を動かして、頭だけではなく全身で仕事を覚えていく時期なのです。現場の最前線でひたすら反復によって仕事を覚え、ありとあらゆる業務のオペレーションを体験することによって、ニトリで仕事をするうえで欠かせない「観察・分析・判断」の能力が身についていきます。

若さゆえに夢や野望は膨らみがちですが、20代が頭だけで考えてドデカいことをやろうとしても、たいていは無理です。実際、私も20代は失敗の連続でした。

これに対し、30代を迎えた人たちは生産性の高い仕事をこなせるようになっているはずです。過去と現状を否定し、任されている仕事の仕組みや手法に自分なりに考えた改善を施していくことで会社が成長し、その人の能力もさらに高まっていきます。

ちょっと専門的な言い方をすれば、20代の場合は多数の事例から共通条件を導き出していく「帰納法」で物事を捉えたほうがいいでしょう。しかし、30代では論理を発展させていく「演繹《えんえき》法」によって改善を図っていくべきです。

反復しながら作業を覚えてその理論を学ぶ20代に対し、30代は調査と実験の繰り返しを通じながら課題に挑戦していきます。そして、スペシャリストとしての活躍がスタートするのが40代です。新しい仕組みを創造し、数字（業績）をよい方向へと変化させることを追究すべきステージです。それまでに培ってきた経験と知識を活《い》かし、新しいニトリを創り上げていく中心的存在となるのは40代です。

ニトリの場合、役員を任せるのは50歳前後になってからです。5～10年先を見通したうえで、今やるべきことが何なのかを把握するには、やはり相応の経験が求められます。また、1つの事象が全社的にはどのようなインパクトをもたらすのかを判断するスキルも必要となってきます。

ただし、ニトリでは年功序列など論外です。非常に早熟で20～30代から改革を進めてこられた人であっても、40代、50代になると歩みが止まることもありうるからです。

現状維持に転じた途端、ニトリでは降格が始まり、給料も下がっていきます。厳しいかもしれませんが、ここまで徹底しないとロマンは成し遂げられません。

計画した目標と厳しく向き合い、それを乗り越えていくことがビジョンの達成に結びついていきます。そして何より、社員1人1人が自己実現を果たすための力を身につけていくことになるのです。

第4章

職場の活力は何から生まれるのか

ロマンをみんなで共有する

私1人がロマンとビジョンを追求しているだけでは、ニトリがここまで大きな成長を遂げることはなかったでしょう。社員たちも私が抱いているロマンに共鳴し、一丸となってビジョンの達成に取り組んだ結果であると言えます。

ロマンとビジョンを絶対に実現させるのだという覚悟が不可欠で、これまで私はニトリの全社員に同じ思いを共有してくれるように働きかけてきたのです。ただ、正直に言えば、最初の頃はなかなか社員たちの心を動かすことができませんでした。

だから、渥美先生の教えを社内にも広めるためにチェーンストア理論の勉強会を開いたり、著書を読ませてその内容に関するテストを行ったりもしました。ところが、むしろそのことが社員の心が離れていく原因にもなったのです。

チェーンストア理論について学べば学ぶほど、当時のニトリの実態がまったくその域まで達していないという現実を社員たちは思い知らされたからです。「なぜ教えられている通りにやらないのですか?」と社員に問い詰められ、「今はできていないけど、いずれはその通りにやるつもりだから」としどろもどろで答えたら、「それは何年後ですか?」とさらに突っ込まれました。

私は咄嗟《とっさ》に「2年ぐらいで……」と返答し、どうにかその場は収まりました。けれど、その社員は2年後に、「社長は口先だけで全然実現できていないので辞めさせてもらいます」と告げて出ていってしまいました。

思えば、そのように中途半端な取り組みが続いていたのは、私自身もまだロマンとビジョンの本質を理解できていなかったのでしょう。とにかく、私は1人でも多くの社員に同じ思いを抱いてもらうために、やれることは何でもやってみました。

当時の本部はまだ札幌にありましたが、3カ月に一度のペースで幹部を連れて上京し、渥美先生のセミナーに出席しました。最初は3人しか連れていけませんでしたが、やがて5人、10人といった具合に増やしていきました。

私自身はもちろん、社内も決算発表のような社外の活動において、つねにニトリが掲げるロマンとビジョンについて熱く語りました。こうして寝ても覚めても口に出し続けているうちに、同じような思いを抱き始める社員が増えていきました。

私自身も、渥美先生によってなかば強制的に「30年で100店、売上高1000億円」というビジョンを掲げさせられ、「とても、実現できそうにはないな……」という思いが心の片隅にありました。しかし、繰り返して口にしているうちに、絶対に成し遂げるのだという決意に変わっていったのです。

社員の意識を変えるには、ひたすらロマン（大志）とビジョン（長時間かけて実現したい総合的な到達点の目標）について語り続けることによって、まずは自己暗示にかけることが第一歩だと痛感しました。そして、私が一方的に話すだけではなく、役員や社員にもビジョンについて話してもらう機会を設けるようにしました。

すると、「自分で口にした以上は達成しなければならない」と彼らも覚悟を決めるようになったのです。

ただ、ロマンとは己の損得を超越したものであって、「世のため、人のため」の大願です。自分の人生観が変わらなければ、本当に達成できるものではありません。ロマンを見つけ出したことでその後の人生が異なる方向に大きく動いていったのも、私の人生観が一変したからです。

「どれだけ教えても、成功できるほど深く理解し、感動を共有してくれるのは100人に1人にすぎない」と渥美先生がよくおっしゃっていたように、誰もがその域まで達するわけではないことも事実です。

ロマンとビジョンがあれば私のような失敗経験者でも必ず成功できますが、人生のすべてを賭《か》けることも大前提となります。そこまで徹底できる人は、100人に1人ぐらいしか存在していないということです。

ただし、「そんなに確率が低いなら、とても自分には無理かも」と最初からあきらめてしまう社員も出てくるので、社内では「10人に1人」と言っています。ニトリが掲げるロマンとビジョンのことを知ったうえで入社してくる人も随分と増えてきたので、そのくらいの確率で出てきても不思議はないはずとの期待も込めています。

それでも9割の人は人生観が変わらないということになりますが、1割の人が本気でロマンとビジョンを追求するようになれば、会社は前に向かってどんどん突き進むようになるのです。

序章でも触れたように、ビジョンに必ず数字を入れることも大事です。上に立つ人間が数字を示すことで、自分たちの意欲を具体化させるわけです。

本部へ出向、現場に戻る

驚く人が少なくないでしょうが、ニトリでは専務や常務であっても本部に籍を置いていられるのは5年です。今の世の中は5年も経てばガラリと変わっていますから、いったん現場に戻ってもらい、若手社員やパート・アルバイトとともにお客様と直《じか》に接してもらうのです。

そして、1年程度にわたって現場で働いて世の中の変化を実感できたら、再び本部に出向となります。

ここで「本部に出向」と聞いてクビを傾げたかもしれません。

一般的な会社なら、「現場に出向した後に本部に戻る」と表現するものでしょう。しかし、あくまで本部は現場の問題点を汲《く》み上げて解決する場にすぎず、店舗と商品があってこそ、会社は利益を生み出せるので、ニトリでは「現場に戻った後に本部へ出向する」と表現します。

こうした異動を受け入れられない人も出てきますが、妙なプライドに縛られている人はニトリに必要ありません。おそらく彼らは、「現場よりも本部のほうが偉い」と思い込んでいるのでしょう。

彼らに限らず、昔から世間では、経営や経理、人事といった機能が集中している本部で働くほうが栄誉だという考え方が広まっていました。本部に入ると栄転で、店舗に出ると左遷と受けとめてきたわけですが、明らかにその考えは間違っています。

本部にずっと在籍していると、その社員は最前線の消費動向に疎くなってしまいます。そうなると、その社員と会社の両方が先細ってしまうのです。

このように本部のほうが偉いというトンチンカンな階級意識は、会社にとって障害にしかなりえません。ニトリで働く人たちは誰もが対等です。

もちろん、仕事の成果によって給料には違いが出てくるものの、たくさんもらっているからといって、社内での立場が上になるわけではありません。

だから、ニトリの社内は役職などにかかわらず、みんなが平等で対等な立場にあります。役職名で呼ぶことも禁じており、「白井社長」ではなく「白井さん」です。

ただし、だからといって馴《な》れ合いは禁物ですし、〝親しき仲にも礼儀あり〟ですから、愛称で呼び合うのもダメです。あくまで遠慮なく意見を言い合える関係であり、仲良しこよしの集まりではありません。

こうしたニトリの人事はスペシャリストを育てることを目的としており、その点は配転教育も同様です。

こう聞くと、「部署をどんどん異動させていると専門性が身につかないのではないか？」と思うかもしれません。しかし、ニトリで求められているのは、特定の分野しか詳しくないという〝一芸に秀でた人物〟ではないのです。

現場のことをよく知っていて会社全体をくまなく見渡すことができ、同時に他の人が太刀打ちできない独自の専門的な知識やスキルを身につけているというスペシャリストを育てることこそ、ニトリがずっとめざしてきたものです。最新の現場の状況を肌で感じていないとせっかくの専門性もフルに発揮できませんから、幹部であっても5年先には再び現場に戻ってもらうわけです。

高い専門性に期待を寄せて外からスカウトした人であっても、まず優先すべきは現場を知ってもらうことです。だから、ニトリでは中途採用者についても、必ず店舗で働いてもらって現場への理解を深めてもらうようにしています。

モチベーションを高く保つ評価制度

ロマンとビジョンをみんなで共有するように心がけていても、会社としての規模が大きくなるのに伴って、ニトリの中でもその兆候がうかがえるようになったのが〝大企業病〟でした。どんどん業績が伸びて待遇も向上してきたので、その意味では必然的に発生したものだとも言えます。

ひと昔前と比べれば残業時間もかなり減りましたし、夏は11連休、冬は8連休のリフレッシュ休暇制度があることで、自分で自由に使える時間も格段に増えました。実は、その活用を巡って社員の間で違いが目立ってきたのです。

ロマンとビジョンに対する意識の高い社員は、自由な時間の多くを自己育成のために充てて自主的に勉強を続けています。しかし、「休みは休み」と遊ぶことだけに費やしている社員もいて、そういった人たちは大きく後れをとってしまいます。

実際、幹部からは「自主性に任せたら勉強しない」との指摘も出ましたが、かといって無理矢理詰め込もうとして身につくものではありません。まだ規模が小さかった頃は私が1人1人に直接訴えかけることができましたが、もはやそれは不可能です。

そこで、それまで5段階だった社員の評価制度を2011年から6段階に変更しました。5段階だと75％程度の人は3の判定になり、「ちょうど中間だから、今のままでいいや」と思ってしまいがちです。

そのうえ、都合よく「自分は4に近い3だろう」と思い込んでしまいます。いわゆる「中の上」だと勝手に解釈するのです。けれど、そんなことを考えるのは、「2に近い3」の人ばかりなのが現実。このままでは、社員全体の能力の底上げにつながりません。

そこで、まずは4段階評価にして3をなくしたのですが、2以下の判定となる人がおのずと増え、彼らがやる気を失いがちでした。だから、今度は6段階にしたわけです。

すると、4よりも3の評価となる社員が増え、社内に動揺が走りました。日本人が「中の上」を好みがちであるだけに、かなりショックだったのでしょう。

「会社の評価は間違っている」とクレームをつける社員もいましたが、評価に関して一様に敏感になったことは間違いありません。3をつけられた人は、「せめて4まで評価を上げなければ」と思って反省します。

それに、3から4なら可能性は十分にあると考えるはずです。現に、6段階にしてからは、多くの社員の評価が3と4の間を行ったり来たりしています。ただ、いきなり新人に適用するのは酷なので、現在は入社4年目まで5段階、5年目から6段階の評価を採用しています。そして、売上よりも利益への貢献という観点から評価しています。

また、ニトリではボーナスとは別に、「決算手当」という制度も設けています。好決算だった場合に、あえて現金ではなくニトリの株式を与えているのです。2017年2月期は本給の約1・6カ月分に相当する株式を支給しました。「せっかくなら現金で欲しい」と言う社員もいますが、「現金なら半額に減らす」と答えています。

株式で与えることによって、成果を上げることが社員自らの利益に直結するようになるからです。1人1人がビジョンの達成をめざして必死で取り組むことで会社の業績が向上し、そのことを反映して株価も上昇しやすくなります。

もちろん、他の会社と同じように社員持ち株制度も設けており、すでにかなりの資産を築いている社員も少なくありません。それでも、社員たちはさらに上をめざしていくはずです。なぜなら、それぞれが仕事に励むことで単にニトリという会社の業績が上がるだけにとどまらず、お客様、取引先、株主、そして社員自らを幸せにすることにつながっていくからです。

愛嬌と度胸

マネジメントとは、すなわち人を動かして目標を達成すること。部下と上手《うま》く意思疎通を図って自分が練った戦略通りに動いてもらい、計画した数値目標や状態を実現させることです。

規模の大小にかかわらず、部下を的確に動かすために必要な能力や思考は共通しています。まず求められるのがロマンに基づいたビジョンであることはもちろんですが、他には素直さや柔軟さ、そして愛嬌《あいきょう》と度胸だと私は思っています。

昔からよく耳にしてきたのは、「女は愛嬌、男は度胸」という言葉でしょう。しかし、男女を問わず、会社や部署のリーダーとなる人には両方が求められると私は考えます。

部下や同僚、さらに自分よりも目上の人からも愛されているか、少なくとも嫌われていないということがとても大事です。スポーツの監督もそうですが、どれほどのキレ者であっても、性格が陰険で誰からもそっぽを向かれているのではリーダー失格です。

また、いざという場面で悩んで決めかねてしまうのでは、部下を動揺させてしまうだけです。失敗を恐れず即座に決断し、間髪を容《い》れずに実行できる度胸が求められます。

仮に失敗したとしても、次の挑戦に生かせる貴重な経験を積めます。怖れずに挑戦するから、リスクが逆にチャンスとなってくるわけです。

そして、ピンチに陥っているときこそ、リーダーにはユーモアが求められます。人は追いつめられると悲愴《ひそう》な顔をしがちですが、余裕のない人は他人からなかなか信用されないものです。

1997年に、私はまさしく天国と地獄を味わいましたが、大きなピンチをくぐり抜けられたのも愛嬌と度胸があったからではないかと思っています。

まず、この年に発生したのがアジア通貨危機で、インドネシアの通貨ルピアが大暴落したことから、幸運なことにニトリの現地自社工場の人件費が3分の1になったのです。

そして、その秋にインドネシア工場を視察していた最中に、今度は地獄の釜《かま》のフタが開きました。メインバンクだった北海道拓殖銀行と、主幹事だった山一證券の破たんです。

その前年、ニトリは50億円分の新株予約権付社債（CB＝転換社債）を発行し、スイス銀行にそれを引き受けてもらっていました。その保証を行っていたのが拓銀と山一だったことから、すぐさま私のところに火の粉が飛んできました。

スイス銀行が3日以内に50億円を返済するように迫ってきたのです。それが無理なら、社債はデフォルト（債務不履行）となって会社は倒産してしまいます。

すぐさま帰国したものの、猶予は2日のみです。私は腹を括《くく》ってスーパーでスーツを買い、身なりを整えたうえで、さらに眉毛《まゆげ》を描いて顔には頬紅を塗りました。

最後の砦《とりで》である住友信託銀行（現三井住友信託銀行）にすがるためです。真っ青な顔で出向いては失敗は目に見えていたので、化粧で元気そうな顔を演出したわけです。

同行とは付き合いが浅かったのですが、他に頼るところはありません。精一杯の笑顔を作ってから、私は初対面の札幌支店長にこうもちかけました。

「拓銀がつぶれてスイス銀行に50億円を返済しなければなりません。三菱も三井も貸してくれますが、以前から私は住友信託さんが親切で大好きだったので、この融資を機に当社のメインバンクになりませんか？」

いわゆる一世一代の大バクチです。

すると、即座に支店長は本店の専務に話を通したうえで、「似鳥さんは熱心だし、私も進退をかけましょう」と言ってくれました。

住友信託はニトリの大恩人となってくれたわけです。

以来、同行の歴代札幌支店長には、「困ったらニトリに行け」との言葉が申し送られていったとか。

人生にピンチはつきものですが、これからも私は愛嬌と度胸で立ち向かっていきます。

多数精鋭

手間のかかることはすべて社内でやって、簡単なことは外に発注するというのがニトリ流の仕事の進め方です。やっかいな問題を自力で解決することが社員たちの成長の糧となるからです。

そして、それは現在のニトリが「多数精鋭」の集団となっているからこそ、可能であると言えます。さまざまな方面に精通したスペシャリストがたくさん育っているからです。

まだ店舗も社員の数も少なかった頃は、少数精鋭の組織で難関を乗り切るという方法しか選べませんでした。しかし、海外に自社工場をもち、グローバルに出店を進めている今は、「多数精鋭」でなければ競争に勝ち残れないと思っています。

2006年にニトリの社内で、1つの大きな問題が発覚しました。船の手配を仲介する業者と当社の社員との癒着とも取れる取引です。

以前から船の運賃が高止まりしていることに疑問を感じていただけに、その報告があったときには「やっぱり!」と思いました。

そこで、仲介会社との窓口役となっている社員を呼んで詳細を聞いたところ、社内ルールで禁じている接待に度々誘われるなど、身動きがとれないほどがんじがらめになっていることがわかりました。

すでに当時の時点で、ニトリが船舶輸送にかけるコストは年間30億~40億円に達しており、まさに巨大な利権となっていました。窓口となっていた社員は、相次ぐ接待攻撃と甘言に思考停止状態となり、ほとんど仲介会社の言いなりとなっていたようです。

以来、私は船の手配をすべてコンペ方式に切り替えることにしました。これで年間5億~6億円の経費削減になりましたし、コンペをその都度開催するので癒着も生じません。

さらに、外部に任せているから癒着してしまうのだとも考えました。だから、通関士や一級建築士、公認会計士などのプロフェッショナルを社員として抱える体制づくりも進めてきました。

つまり、これが「多数精鋭」の組織をめざす第一歩となったわけです。

手間のかかることを自分たちだけで完璧《かんぺき》にこなしていくために、あえてプロフェッショナルを内製化する。そのための「多数精鋭」体制こそ、ニトリのさらなる成長の源泉となっています。

ただし、コンペ方式への変更もけっして簡単には事が運びませんでした。原因となった仲介会社からはニトリの物流部門に社員を出向してもらっていましたし、ニトリの役員ともパイプがありました。

コンペ実施に際しては、こちらの動きが仲介会社に筒抜けになると、相当の抵抗があるだろうということは容易に想像できました。

だから、私は現社長の白井さんら3人で極秘のプロジェクトチームを結成し、隠密行動で海外の船会社を訪ね歩きました。「敵を欺くにはまず味方から」で、他の社員たちには行き先を一切告げず、ホテルも個人名で予約するという入念ぶりでした。

そして、3カ月を費やして徹底的に調査を行い、半年後には多くの船会社を集めてコンペを開催し、大きなコストダウンを実現することができたのです。

こうして、人任せにせず、面倒くさいことを自分たちで地道にやることによって、「製造物流小売」というビジネスモデルが完成形に向かっていったわけです。

第5章

部下を育てるとは

短所を直さず、長所を伸ばせ

31

多くの人たちは自分の短所を気にするばかりで、なかなか長所のほうに目を向けません。社員の場合も同じで、上司からよく指摘されることもあって、自分の短所のことをいつもコンプレックスに感じていて、どうにか克服したいと思いがちです。

しかし、私はその真逆であるべきだと思います。「短所あることを喜び、長所なきことを悲しめ」というのが基本的なスタンスなのです。

ニトリでは社員の適性検査を実施しており、500以上の質問に回答してもらうことによって適性を見極め、それぞれの人たちに合った配転教育を行っています。また、この検査では性格上の長所や短所も判明します。

そして、私はこの検査結果のファイルを携え、数人単位で社員をランチに誘うことがあります。ニトリの社内には専門のカウンセラーがおり、彼らが社員の相談に乗っています。その一方で、私自身も直接カウンセリングを行っているわけです。

働いているうちに、「自分は何に向いているのか」とか、「本当は何をやりたいのか」とか、迷い始める社員も少なくありません。だから、大きな悩みに発展する前に解決しておこうと思って声をかけています。

「カウンセリングが嫌なら、食事だけでもいいよ」と誘っていろいろな話を聞いていると、本人が思っている自分の適性と検査結果がかなり食い違っていることがあります。

自分のことは自分が一番よくわかっているように思えて、実は意外と気づいていない部分もあるものです。実際、社員に検査結果を教えてあげると、「自分ではわからなかったけど、当たっている！」という声がよく返ってきます。

特に自分の長所については、指摘されるまで意識したこともなかったというケースが珍しくないものです。しかも、無意識のうちにわざわざ自分が苦手なことを得意だと思い込んでいることもあります。

実際、社会に出たばかりの私がそうでした。親元を飛び出して入社した広告代理店ではあまりにも営業が下手だったため、契約ゼロでクビになりました。

似鳥家具店の創業後も接客で苦しみ、妻に任せてようやく解放されたことは序章でも話した通りです。代わって配達と仕入れを担当することになり、ようやく自分の長所に気づくことができました。

商品の目利きとそれらを安く仕入れることは得意だったのです。それからは売上が伸び、「商品力がある似鳥家具店」と評価されるようになりました。

もしも私が接客上手だったとしたら、仕入れに専念できなかったはずですから、ニトリはせいぜい3店舗程度の展開にとどまっていたことでしょう。

それに、私は机の上がいつも散らかっていて、整理整頓《せいとん》がとても苦手です。けれど、頭の中にはいつも大局観があって、20〜30年先を見据える「戦略」には自信があります。だから、5〜10年の「経営戦略」は私が担当し、1年以内の「戦術」については幹部に任せています。つくづく思いますが、やはり私は経営者向きです。

とにかく短所なんて、どうにか矯正できたとしても、けっして長所まで高めることはできません。自分が苦手なことを得意とする人は必ず世の中にいて、そう簡単には逆転できるものではないのです。

それよりも、長所を伸ばしていくことのほうがはるかに容易《たやす》いことです。有能な部下を育てたいなら、彼らの欠点をあげつらうよりも長所を見つけてそれを知らせるべきです。

そのうえで、それぞれの長所を生かせる仕事を与えるのです。長所をさらに伸ばしていったほうが、部下としても自分の成長を実感できるものでしょう。もちろん最初から向いた仕事だけをさせるのではありません。20代30代は、配転により多くの実務経験を身に付けないと長所を生かすことができないからです。

日頃から私はニトリのマネジャーたちに、「24時間つねに部下の面倒を見る心構えで、私生活の相談にも乗るように。それも上司の責任」と指導しています。プライベートで悩みを抱えているとなかなか仕事にも集中できないので、部下から気軽に相談されるような関係を築いてもらいたいのです。

もちろん、私生活に関することは簡単に打ち明けられるものではなく、そういった関係をつくるのは大変なことでしょう。とはいえ、私生活のトラブルが仕事に及ぼす影響は大きいわけですから、上司は部下のプライベートについても責任をもってアドバイスする必要があります。

そのためにも、いつも明るいムードの職場でなければなりません。馴《な》れ合いは禁物ですが、部下が楽しく働ける環境を整え、上司と部下が対等な立場でざっくばらんに話せる雰囲気づくりが大事です。

上司の役割は、部下の仕事の能力を高めることだけにとどまりません。社会人として成長していくうえでも、とことん親身にサポートしていくべきです。

高いハードルを課す

32

ニトリは1989年9月に札幌証券取引所に株式を上場し、2002年10月に東京証券取引所1部入りも果たして今日《こんにち》に至っていますが、それから2018年2月期まで31期連続で増収増益を続けてきました。繰り返し述べてきたように、それはロマンとビジョンがあったからです。

そして、第1期30年計画を達成してから新たに掲げた第2期30年計画のビジョン実現に向けて、「製造物流小売」のビジネスモデルを確立したことも大きな強みとなっています。商品の企画、製造、販売にとどまらず、物流まで自分たちで手がけていることから、どこからもマージンを抜かれることなく徹底的なコスト削減が可能となっているのです。

すでに他の章でも触れていますが、第2期30年計画では2032年までに世界に3000店舗を展開し、売上高3兆円の獲得をめざしています。現状の売上高は5130億円程度の水準ですから、残る15年間で6倍近い規模に拡大しなければなりません。

正直、誰の目から見ても、非常に高いハードルです。しかし、ロマンがあれば是が非でもそれを乗り越えていこうとするものですし、実際にいくつものハードルをクリアしてきたからこそ、ニトリの成長は一度たりとも途絶えることがなかったのです。

当然、会社として非常に大きなビジョンを掲げていれば、個々の社員たちにも高いハードルが課されることになります。けれど、社員たちもそれぞれが自己成長のために仕事をしていますし、週単位で現状認識と反省を行っていますから、ひるむことなくハードルを次々と飛び越えてきました。

私が考える理想の上司とは、部下を大きく成長させるためにあえて難しい課題を与え、悪戦苦闘しながらそれに取り組む姿を温かく見守り、成功に導くための助言ができる人です。ただし、それは優しく接するという意味ではありません。

むしろ部下からすれば怖い存在の上司で、どれほど難しい課題であっても、それを解決させるために厳しく指導する人です。部下の成長のためにあえて甘えを許さないようにしているのか、それとも単に自分のことを捨て駒としか思っていないのかは、部下にもすぐに判別できるはずです。

「逃げずに正面から挑め」と叱咤《しった》激励しながら、「失敗しても責任は上司の自分が取る」と言ってくれる上司だからこそ、部下も課題に立ち向かっていきます。普段は優しくても、失敗したときにはまったくフォローしてくれないという上司では、部下も挑戦する気にはなれません。

そのように無責任な上司ばかりでは、本人が自発的に成長をめざしていくしか手はないだけに、大きく伸びる人は一握りしか出てこないでしょう。しかし、すべての上司が部下の背中を押してあげられれば、もっとたくさんの部下が成長できるはずです。

多くの人は「進化する力」を持っていると認識したうえで、それが開花するように難題を与えて挑戦させるのが上司の役割です。

そして、ニトリがつねにお客様に喜んでいただくことを一番に考えているように、職場の中ではまず部下の能力を伸ばすことを念頭に置くべきでしょう。

「三現主義」を徹底させる

33

私は社員に対し、仕事を進める際には「観察・分析・判断」という手順で思考することを徹底させています。これを習慣化することで「改革の技術」が磨かれていくからです。しかも、こうして身についた技術は、あらゆる場面において通用する普遍的なものとなります。「観察・分析・判断」という手順で思考し続けていれば、40代になる頃にはこうした改革力を身につけられるようになるはずです。

1年間を52週に割ったウィークリーマネジメントにおいても、毎週月曜日に提出を義務づけている「週報」で「観察・分析・判断」の作業を必須《ひっす》としています。1年に52回、5年では260回もこの手順の思考を繰り返して改善・改革を進めているわけです。

観察の目的は問題点を発見することにあり、分析では理由や事情を推定したうえで、現場、現物、現実を確かめてから原因を確定します。そして、判断では改善案・改革案を練るわけですが、分析における「三現主義」の徹底を重視します。

それは、「現場」を自分自身の目で見て、「現物」を自分自身の手に取り、「現実」をしっかりと確認するというプロセスです。製造業の鉄則とされているものですが、社内のあらゆる部署においても不可欠な思考手順だと言えます。

とにかく机上の空論は厳禁で、自分自身が問題点を目の当たりにすることによって、どうすればそれを解決できるのかを突き詰めていくわけです。

こうした思考手順の教育は、「配転教育」で新たな部署に配属された際にも役に立ちます。新たな担当者は、前任者がこれまで続けてきた仕事のやり方を否定することからスタートしなければならないからです。

どんなに成果を挙げてきたやり方であっても、それを踏襲してしまうと現状維持しかもたらしません。さらに伸ばすためには、これまでのやり方を積極的に変えていくべきです。もしも、今までと同じことを繰り返しているだけの社員を見つけたら、その上司は自分なりに新しい方法を突き詰めるように指導します。そして、それでも変えることができないなら、その3カ月後にはすぐに別の部署に異動させて、そこでも前任者の否定から始めてもらいます。

ここまで読み進めた人なら、ニトリが30年以上にわたって成長を続けてきた中で数々の難題を乗り越えてきたことはすでにご存知のことと思います。それらの難題の解決を果たしたのも、現場、現物、現実を見据えて「観察・分析・判断」を繰り返し、つねに現状を否定して新たな手を模索し続けてきたからです。

自分のビジョンに向かって歩ませる

34

社員が自分の力で困難を乗り越えて仕事において成果を挙げ、心の底から喜んでいる光景を見るのは、私にとって何よりも幸せな瞬間です。会社を率いている私にとって、社員の成長は何物にも代えがたい財産なのです。

モノと金はなくなりますが、社員たちの成長は会社の中に残っていくもの。だから、これからも社員を育てることに時間も資金も惜しまず投入していくつもりです。

社員1人1人が自己成長を追求していれば、おのずと彼らのモチベーションも高い状態に保たれます。そのためにも、個々の社員が自分のビジョンを見つけ出し、それに向かって着実に歩めるように指導することが大事です。

そこで、ニトリでは「生涯設計キャリアアップシート」に個々の社員の自分自身のビジョンを強制的に書かせています。無論、みんなに成長してもらいたいからです。

ただ、ほとんどの人が掲げているビジョンはかなり控えめであるのが気になります。しかも、伸び悩んでいる人ほどシートに書き込んだ10年後の目標が小さいという傾向がうかがえます。

会社と違い、個人なら仮に達成できなかったとしても株主などから責められることはないわけですし、もっとのびのびと大きな目標を打ち出してほしいものです。

仕事におけるビジョンの実現に対しては、ウィークリーマネジメントで小さな成功体験を積み重ねさせていくのがニトリ流です。もちろん、失敗するケースも出てきますが、すぐに修正できます。そこから学ぶことも少なくありません。

なかなか挑戦できない社員に対しては、上司が後ろから背中を押すことも必要でしょう。ビジョンから逆算していった週単位の目標を1つ1つクリアさせていきながら、10年後、20年後に向けて「自分が着実に成長を続けている」ということを実感させるわけです。

もっとも、ビジョンを追いかけて着実に成長させていくためには、仕事に関して責任を与えることが重要となります。

なぜなら、責任を与える（判断を社員に任せる）と、当然ながら当人は持てる能力を総動員しなければなりません。だから、社員は成長します。

提案した以上、もしもその結果が失敗に終わった場合は本人が責任を取ります。結果によってはマイナス評価を受けることになるでしょう。

しかし、その覚悟があればいい加減な提案はできなくなり、実現可能な提案が増えてきます。

そして、私は部下に任せたうえで、「観察・分析・判断」という一連の手順をきちんと進めているかどうかをチェックしています。表面的な取り組みだけでそれぞれのプロセスが疎《おろそ》かだった場合は厳しく指摘し、完全にできるまで何度でもやり直しをさせます。

こうしたことを徹底しないと、自分で考えようとせずに上司の判断を仰ぐだけの部下になってしまうのです。単に現場を実際に経験するだけにとどまらず、そこにどんな問題が潜んでいるのかに自分自身が気づき、現場において改善策や改革策を提案できるようになってほしいのです。

自らのビジョンに向かって突き進める人、それは着実に成長を遂げられる人であり、つねに目の前にある障害を乗り越えられる人です。

突き詰めれば、私が部下に教えてきたのは「必ずどこかに潜んでいる問題を探し出す」ということです。

しかし、どれだけ口を酸っぱくして言っても、一通りの説明を受けただけでロクに質問もせず仕事に取り組み始める人が少なくありません。

わかったつもりになっているだけで、そういった状態で仕事を進めれば失敗をしでかしがちです。ちょっとでも腑《ふ》に落ちないことはその場で質問しなければ、問題点を発見することはできません。

つねに数字で語らせる

35

第2章でも触れたと思いますが、マネジメントとは「数字」と「あるべき状態」について目標を立て、それを達成させることです。そして、マネジャーとは部下に正確な業務を遂行させることによって、「数値責任」を果たす人です。

こうしたマネジメントがあちこちの部署で行われて、会社の業績が伸びていくことになります。つまり、ビジネスにはつねに数字が関わってくるということです。

さらに言えば、ロマンがほとばしる「情」であるのに対し、ビジョンは誰の目から見ても明確な「数字」です。ロマンが実現されているのかどうかの解釈は人によって異なってくるかもしれませんが、ビジョンについては極めて客観的な判定が可能です。

したがって、序章でも触れたように、ニトリでは社内において交わす仕事上の会話には必ず数字が入っていることが大前提となっています。

提案についても、数字の裏付けのある具体的な話でなければ論外です。

上司から「あの件はどうなっているのか?」と聞かれたら、「○月△日までに値段は□○円で×△個が入荷します」といった具合に、部下は必ず数字を交えて答えなければなりません。

なぜなら、そうやって具体的に数を突き詰めながら状況を見極めていくことが人を成長させることに直結するからです。数字が入っていなければ、曖昧《あいまい》な解釈がまかり通って個々の認識にズレが生じがちです。

ビジネスでも「感性」や「多様性」といった言葉が用いられることもありますが、私にとってそれはその場を取り繕う逃げ口上にすぎず、ニトリの社内では絶対に認められません。きちんと数字で裏付けられる、または誰もが同じ状態を思い浮かべることができる具体的な話でなければ、聞く耳を一切もたないのです。

仕事は思いつきで取り組むものではなく、綿密な計画の下に手順を踏みながら進めていくものです。だから、ニトリの社員は社外であろうが社内であろうが、必ず数字や論理で話を進めていかなければなりません。

実はかく言う私も、渥美先生主宰のペガサスクラブに入会した33歳の頃は、数字に無頓着な落第経営者でした。「経営は科学。数字を入れて話しなさい」と渥美先生は説くのですが、私は自社の基本的な業績・財務の数字でさえ頭に入っておらず、何を聞かれてもロクに答えられなかったのです。

こうして渥美先生に厳しく指導してもらったからこそ、私は数字の重要性を体得することができました。だから、社員たちにも徹底的に数字という言語で会話することを叩《たた》き込んでいるわけです。

もちろん、単に数字が入っていればそれでよしということではありません。最初に低い数字を掲げておいて、「目標を120％も上回りました！」と胸を張っても、その結果を高く評価することはできません。

当初の目標を意図的に低くしていたか、あるいは想定外の追い風が吹いてたまたま上振れしたかのいずれかだからです。高い目標を掲げたうえで、それを必ず達成する方法を科学的に突き詰め、有言実行で実績もピタリと一致させるというコントロール能力が大事で、それが備わっている人を私は高く評価します。

ただ、このように「つねに数字を考えろ」と言い続けている私ですが、それだけでもダメです。

この章の最初のほうでも述べたように、部下の私生活に関する相談にも気軽に応じられる人間関係を築いておくことも、ニトリの企業文化の前提となっているのです。

言ってみれば、「右手にそろばん、左手に義理人情」のような対応が求められてくるのが上司というものでしょう。仕事上では数字がすべてですが、それだけのドライな関係では部下がついてきてくれません。

第6章

自分を変えるには

〝棺桶人間〟になってはいけない

23歳で似鳥家具店を開業した頃の私は、持ち前の度胸だけを頼りに綱渡りを続けているような状態でした。「近所には他に家具屋だけがなかったから」というのがこの商売を選んだ理由でした。

初年度の年商が1000万円だったのに対し、2年目が2000万円、3年目が3000万円といった具合に増えていきました。序章でもお話しした通り、開業の翌年に結婚して妻が接客を行うようになったためです。つまり、売上が増えていったのは妻のおかげであって、あの頃の私に確かな戦略があったからではありません。

ただ、商売が軌道に乗り始めたことに気をよくした私は、2店目のオープンを画策していました。しかし、開業からわずか4年目の似鳥家具店に気前よく融資してくれる銀行などありませんでした。

融資を断られ続けているうちに、私の顔つきはどんどん切羽詰まって困り果てた雰囲気になっていったようです。ふとそのことを自覚した私は、「こんな苦渋に満ちた表情の人間にお金を貸したくないのは当然だ」と思いました。

そこで、金持ちのフリをして地元の信用金庫を訪問したのです。融資の担当者を前に、私は悠然とした態度でこう切り出しました。

「北洋銀行さんからお借りしてもいいのですが、私には志がありまして、あえて地元の信金さんと親密にお付き合いしたいと思っているのです」

するとと、融資の担当者は好感触を示したものの、審査のための書類を要求しました。内心では焦りながらも、私はサラリと言い返しました。

「御社とともに成長していきたいと私がわざわざ志を示しているというのに、それでは誠意が感じられない。今すぐ、あなたの一存で決めてくれ！」

言ってみるもので、この一言が奏功して1時間後には建築費1500万円の半分の750万円の融資が決定し、駐車場付き250坪の2号店をオープンできました。ここで出店資金を借りられなかったら、おそらく今のニトリはなかったことでしょう。

私の期待通り、2号店も大いに繁盛しました。

こうして商売にもゆとりが出てきたのですが、私は退屈でたまらなくなってしまいました。

最初の店を出した時点から、「2店目を出したら遊ぶぞ！」と思っていたのですが、それがいざ実現してみると毎日がとても虚《むな》しいのです。居酒屋でダラダラと時間を浪費するだけの〝棺桶《かんおけ》人間〟で、当時の私はまさにゾンビのごときありさまでした。

こんな刺激のない生活を続けるくらいなら、それこそ死んだほうがマシだとも思いました。

皮肉なもので、こうして鬱々《うつうつ》としながら心の中で変化を求めていたら、近くに5倍もの規模を誇る競合店がオープンしたのです。瞬く間に客を奪われ、一気に倒産の危機へと追い込まれていったことは、他の章でもお伝えした通りです。

その後、ワラにもすがる思いで参加したアメリカ西海岸視察セミナーでようやく私は開眼するわけですが、〝棺桶人間〟となってしまうことの怖さが骨身に染みています。以来、私は1分たりともムダにしないように努めています。そして、つねに挑戦し続けることを自分に強いています。挑戦をしない人間は、死んでいるのと変わらないと思えるからです。

私のように、挑戦を止めた時点から破滅の入口が開き始めていることもあるのです。とにかく、受け身で守りの姿勢に入ってしまうのは禁忌で、つねに問題意識をもちながら新たな発想で次へと挑戦し続けていくべきです。

「なぜ？」の問いは5回繰り返す

つくづく感じるのは、細かく指導しないと社員たちの間では「なぜ？」の突き詰めが中途半端になりがちで、本質まで辿《たど》り着けないということです。「ここが問題ではないか？」と疑問を抱くところまではいいのですが、そこから先の詰めが甘いのです。

だから、「なぜ？」の問いかけは最低でも5回は繰り返せと社員たちに言い聞かせてきました。そうやって追究していくことで、表面的には露出していない根本的な原因を見つけ出すことができるからです。原因は一つではなく、複数ある場合のほうが多いのです。「なぜ？」の問いかけが甘いのは、妙な先入観にとらわれている証拠です。「そんなことは当たり前だから……」と見過ごしてしまっているか、「それはやむを得ない」とあきらめているかです。

つまり、「なぜ？」を繰り返せというのは、「常識を疑ってかかれ」ということでもあります。最初の段階から問いかけを始めて、そのまま進めば、自然と原因に辿り着けるものです。

もちろん、私自身も経営者として駆け出しだった頃は「なぜ？」の解明がいい加減でしたし、社員たちも然《しか》りで、師匠の渥美先生にしょっちゅう叱られていました。あれは、ペガサスクラブに入会して3年目の出来事です。

渥美先生が札幌にいらっしゃったので、ちょうどいい機会だと思って厚別《あつべつ》の店舗を見ていただくことにしました。渥美先生が後部座席に、当時の常務は助手席に座り、私が車を運転して店に向かっていたときのことです。

その道中、先生が常務に向かって質問を始めました。しかし、常務はきちんと答えられません。どうも常務と社長を勘違いしているらしい渥美先生は、常務に対し「キミは社長なのに、なぜロクに答えられないのか！」と怒鳴りつけました。

そこで、私が運転席から「いえ、社長は私です」と返事をしたところ、渥美先生は激怒し、「なぜ社長が運転しているのか！　移動中からコンサルティングは始まっているというのに、ふざけた会社だ。車を止めろ。運転を代われ」と言われ、2人は弾《はじ》かれたように両方のドアを開け、雨の中に飛び出して運転を交代しました。その後も矢継ぎ早の質問が続きましたが、今となっては何を聞かれたのかまったく覚えていません。

すっかり不機嫌になっている渥美先生は厚別店に到着した途端、「なぜ緑色なのか？」と店内に敷いてあったカーペットのことを指摘しました。「芝生のイメージで歩きやすいかと思いまして」と私が答えると、「何をバカなことを言っているのか。中間色でないと商品が目立たないだろうが！」とさらに叱られました。

渥美先生は他にも、店内のあれこれに対して一方的にダメ出しをし、早々に帰ってしまいました。徹底的に打ちのめされた私は先生のことがすっかり怖くなって、ペガサスクラブのセミナーに参加できなくなってしまいました。まるで、子どもが不登校に陥ってしまったような状況です。

それから約2年、私は自分なりにチェーンストア理論について勉強を続け、別のコンサルタントから教えを受けました。しかし、単に褒めるだけで、渥美先生のような率直《そっちょく》な指摘は一切ありませんでした。

改めて渥美先生の偉大さを痛感した私は、覚悟を決めてペガサスクラブを訪ねました。そして、逃げ出してしまった理由を正直に打ち明けて謝罪したところ、先生は笑顔で再入門を許してくれました。

私は今まで以上に勉強に励み、先生の視察旅行への同行が許されるまでになりました。その道中で先生は、「ボクが『なぜか?』を5回繰り返すから、キミはそのすべてにきちんと答えろ」と命じました。ところが、私はさっそく1問目から答えられず、残念な気持ちでいっぱいになりました。

まさに痛恨の極みで、私は汚名を返上すべく、次に渥美先生と面会する際には前もって周到に準備して何を聞かれても答えられるように資料を作成しておきました。しかし、当然ながら渥美先生はさらに上手《うわて》で、「どうしてそう言えるのか?」と突っ込んできて、私はまたしても口籠《くちご》もってしまいます。

「今度こそ！」と思ってもっと入念に準備したうえで先生と対峙《たいじ》するのですが、またしても「なぜ？」にちゃんと答えられません。

こうしたやりとりが延々と続きました。

渥美先生は2010年に他界されましたが、ご生前に私が答えまで辿り着けた「なぜ？」は、結局のところ3〜4回目までにとどまっていました。

「なぜ？」を5回も繰り返すためには、よほどの調査と検証が求められるということです。

与えられた時間から逆算する

38

ロマンを実現するために打ち立てたビジョンを踏まえて中期、短期、さらに直近の目標を定め、そのために取るべき行動を決めるのがニトリの「逆算の経営」です。商品の値段にしても、お客様に安いと思ってもらえる水準に設定したうえで、それを可能とする原材料の調達や生産・物流の体制を模索します。

現在、新たなビジョンとして掲げている第2期30年計画では、最終年である2032年に3000店舗、売上高3兆円を達成しようとしています。その前のビジョンであった第1期30年計画では、1年遅れで目標の100店舗、売上高1000億円に到達しました。次なるビジョンを果たすために重要なのは、それを見据えて今やるべきことを逆算していくことです。そして、今までの成功にあぐらをかいて同じことを繰り返していても、現状維持どころか衰退を招きかねません。

つまり、着実な成長とは、ビジョンから逆算して目前の目標を導き出し、現状を否定した新たな方法によってそれを達成することによってもたらされるものなのです。

たいていの人は、「今の自分には何ができるのか？」と考えたうえで、その能力で達成可能な目標を設定し、実行します。

しかし、それでは飛躍的な成長を望むのは無理です。

今の自分にできることかどうかは問わず、まずはロマンを実現するために求められる高い目標を見定めます。そして、それを達成するために、今何をすべきかを逆算して明確化するのです。

そうすることによって、最初は絶対に不可能だと思っていた壮大な目標もクリアできることは、これまでのニトリの歩みが立証しています。成長したいと切に願うなら、まずは高い目標を掲げて、「そのために今は何をするべきか」を逆算していくことです。

この手法は何事にも通用するもので、時間の活用も然りです。逆算が下手な人に限って、いつも「忙しくて時間を確保できない」というグチをこぼします。

しかし、「するべきこと」と「そのために与えられた時間」から逆算すれば、1分1秒単位で取るべき行動が明白になってくるのです。たとえば、広大な製品見本市の展示場を見て回る際にも、費やせる時間と敷地の面積から大まかに逆算すれば、どの程度のスピードで歩くべきかがわかってきます。

だから、私は分刻みのスケジュールであっても、「時間がない」などといった否定的な言葉を口にしたことがありません。単に、逆算して費やせる時間を割り出し、その範囲でできることを選べばいいだけのことなのです。

与えられた仕事に集中する

39

ニトリが「配転教育」を進めていることについては何度となく取り上げてきましたが、会社側の独断によって配属先を決めているわけではありません。今のニトリはグローバルな規模に組織が拡大しています。そして、「そろそろ実家の親と同居して面倒を見てあげたい」などといった声が社員から寄せられることもあります。

できるだけ社員たちの希望や事情を踏まえて配転先を決めるため、年2回のペースで自己申告による異動願の申請も受け付けています。社内のカウンセラーが社員の職場における悩みに関する相談に応じ、必要に応じて人事異動も行っています。

ただ、職場の人間関係がこじれているわけでもなく、単に「今の仕事は自分に合っていないと思うから」という理由で他の部署に移ったり、他の会社に転職しても、結局は能力を発揮できないケースのほうが多いものです。たとえ興味がないテーマであっても、目の前の仕事に全力投球できない人は、希望のポストを与えられても、他人から高く評価される仕事をこなせません。

ちょっとでも思い通りに事が運ばなければすぐに嫌気が差し、「どうやら自分には向いていないみたいだ」と言い訳して逃げてしまう悪癖がついてしまうのです。仕事とは泥臭いもので、正面から体当たりしては何度も弾き返され、それでもあきらめずに苦労を重ねて自力で問題を解決していかなければなりません。それが成長の源泉です。

職務内容が希望していた内容ではなかったとしても、いろいろと学ぶことが多いのも仕事の面白いところです。

特にニトリでは「製造物流小売」というビジネスモデルで住まいに関する消費生活全般をカバーしていますから、過去に配属されてきた部署で覚えた知識や技術が意外な分野で役に立つことは珍しくないのです。

とにかく、視野が狭くて興味のあることにしか目を向けない人は進歩を望めません。大きく成長できるのは、つねに何かを自分の中に吸収しようと貪欲《どんよく》な人です。

伸びる人と伸び悩む人の決定的な違いは、あえて苦手なことや嫌いなことを命じた場面で明確になります。成長できない人はまず間違いなく、それをできるだけ後回しにしようとするはずです。

しかし、有能な人ほど、そういった面倒なことに率先して取り組むものです。なかなか簡単には解決できなかったとしても、克服するために何が重要なのかについて突き詰めて考えていきます。

そのうえで、「最終的にはきっと上手くいく！」という楽観的思考でポジティブに捉《とら》えられるのも優秀な人の共通の特徴です。

ウサギとカメなら、カメになる

40

私の恩師となった渥美先生の存在を知ったのは、社員がなかなか定着しなくて苦労していた頃のことです。安い給料で残業ばかりの過酷な労働を求めていたのですから、当然とも言える状況でした。

当時の私には、「払うものは払い、休ませるときは休ませる」という真っ当な思考がなかったようです。アメリカ西海岸視察セミナーで私の中にロマンは芽生えていたものの、社員たちと一丸となってその実現をめざしていこうという発想には至っておらず、3店に増やした店を切り盛りするだけで精一杯でした。

その3店目をオープンさせた1973年のことだったと思います。仕入れのために旭川の家具メーカーを訪問した際に、その応接室でチェーンストアに関する1冊の書籍を手にしました。

読み始めた途端、私は驚嘆しました。

なぜなら、私がどれだけ悩み苦しんでも解決できなかったことに対する解答が、実に科学的かつ論理的なかたちで示されていたからです。

さっそく私は全13巻をすべて買いそろえ、それこそ無我夢中で読みふけりました。そして、「この人の教えに従えば、絶対に失敗しない」と確信したのです。

そう、この本の著者が渥美先生でした。

読売新聞の記者から経営コンサルタントに転じた人物で、チェーンストア理論の研究と普及を目的としたペガサスクラブを主宰していました。当時の日本におけるチェーンストア理論の第一人者で、ダイエーの中内㓛《なかうちいさお》さん、イトーヨーカ堂の伊藤雅俊《いとうまさとし》さん、ジャスコ(現イオン)の岡田卓也《おかだたくや》さんといったように、大手小売業の錚々《そうそう》たる顔ぶれがこぞって教えを受けていました。

渥美先生の唱える思想は、「店を100店、200店といった規模で展開することでバイイングパワーを獲得し、メーカー側ではなく流通業者側が価格決定権を掌握する」というものだったのです。

今では当たり前のことかもしれませんが、当時はまだこうした流通革命の実現前夜で、メーカーや問屋の意向が価格に反映されがちでした。

ぜひとも直接教えを受けたいと思った私はあらゆる手を講じ、知人のツテで1978年にようやくペガサスクラブへの入会を許してもらえました。

実際に講義を受けてみると、非常に興味深い話ばかりだったのですが、その内容がかなり難しかったうえに、先生の指導は非常に厳しいものでした。

序章で打ち明けた通り、私は典型的な勉強嫌いでしたし、集中力も長続きしません。話を聞いているとすぐに飽きて、別のことを考え始めてしまうのです。

しかし、渥美先生の教えには、私の心を大きく動かすロマンとビジョンが存在していたので、一言も聞き逃さないように必死になって集中しました。それでも、いっしょに講義を受けているのは極めて優秀な人たちばかりでしたから、やはり私はペガサスクラブでも劣等生だったのではないかと考えます。

ただ、厳しいながらも渥美先生は、こんな言葉もよく口にしていました。

「鈍重でも遅くても、とにかく止まることなく、前へ前へと進み続ける人が会社を動かす大黒柱となる。ウサギよりもカメが勝つのだ」

飲み込みの早さよりも、素直にコツコツとひたむきな努力を続けることのほうが大切だと説いていたわけです。

「書かないと記憶に残らない」が持論の渥美先生は講義の内容をすべて記録させていたので、2泊3日のセミナーで1冊のノートを使い切るほど、私はひたすらメモをとりました。

そして、セミナーが終わった後は講義を録音してきたテープを自動車の中で繰り返し再生し、丸暗記してしまうレベルまで先生の教えを吸収しました。

今になって振り返ってみれば、ペガサスクラブでも目立って優秀だった人の多くが、成功を見ることなく敗者となって消えていきました。逆に、鈍重だった私が大きな成功を収めています。先生の教えに従って、ウサギではなく、カメを貫き通したおかげです。

その点、頭の回転が速くてつねに先回りできる人間はウサギのように、途中で満足して飽きてしまいがちです。どれだけ鈍くて歩みが遅くとも、着実に前に進むカメのほうが成功を手にしやすいのです。

子どもの頃、よく父親から「オマエはのろまで頭が悪い」と言われてきましたが、実は私への励ましの言葉だったようです。渥美先生のおかげで、そのことにも気づくことができました。

とにかく、一歩ずつでも必ず前に進む。さらに、成功するまであきらめない執念深さをもつことが成功するための秘訣《ひけつ》です。

第7章
会社を伸ばすために

やれることはすべて自分たちでやる

「現状を永久に否定して再構築せよ。守ろうと思ったら衰退が始まる」

「上座に座るような宴席には行くな。つねに下座で自ら酒をついで回り、先人から学べ」

「新入社員は始業10分前に来させて、終業後10分以内に帰宅させろ」

これらは、いずれも渥美先生の教えです。私がニトリの社員に対してよく口にしている「現状を否定せよ」や「前任者の否定から始めよ」といった言葉も渥美先生の教えをもとにしたものです。

とにかく私は、1つ1つの教えをしっかりと実践すべく、努力に努力を重ねてきました。私にとって、渥美先生は絶対的な存在だったわけです。

けれど、実は渥美先生の教えに背いたことも何度かありました。私なりに「ここは勝負を賭《か》けるべき場面だ」と確信し、あえて挑戦に踏み切ったのです。

その1つは、1998年に東京都町田《まちだ》市《し》に南町田店を開業したことです。

「チェーンストアは2階建てまで。もっと高い階まである施設にすれば、お客にとって買い物が不便になるからだ」

以前から渥美先生はこう説いてきたのですが、ニトリの南町田店は1000坪の敷地に6階建てのビルという大型店でした。

建設中にその事実を察知した渥美先生はカンカンに怒って、「即座に中止しなさい」と私に命じました。

しかし、ニトリの知名度を全国的に高めていくためには、東京に旗艦店をもつことが不可欠だと私は考えていました。だから、渥美先生がさらにお怒りになるのを覚悟のうえで、出店を強行したのです。

フタを開けてみると、南町田店は20億円超の年間売上を獲得し、それまで稼ぎ頭だった店舗の約2倍の実績を挙げました。そして、この成功を機にニトリは一気に全国区に打って出ました。

もう1つ、「やれることはすべて自分たちでやる」という現在のビジネスモデルに転換していったのも、渥美先生の教えに反したことに端を発しています。「小売業が製造業に進出してはならない」というのが先生の持論でした。

設備投資をして工場をつくると、工場をフル稼働させるために店にとって必要のない量を生産することになります。その過剰在庫の処分は店の負担となります。

また、品質を改善するために新しい機械で製造したくても、新たな設備投資のためには店で低価格販売ができなくなります。しかも、工場を変えたくても変えられない。

そのような状況に陥らないためにも、製造部門はもつなと先生は教えていたわけです。そのつど最適な工場を選べと。

1987年に旭川のマルミツ木工という家具メーカーに出資したときは叱られるのが怖かったので、渥美先生には一切報告せずに内緒で話を進めました。しかも、それが縁でインドネシア工場まで立ち上げる話に発展し、さらに報告しづらくなりました。

ところが、どこで聞きつけたのか、渥美先生にニトリが自社工場をもったことがバレてしまったのです。最初は激怒していたそうですが、「一度、工場を見せてくれ」と先生はおっしゃいました。

それでインドネシア工場にご案内したものの、私は冷や汗がタラタラ流れていました。以前、厚別店を見ていただいた際に先生が散々酷評して早々に帰ってしまったことが頭にあったからです。

しかし、インドネシア工場を見て、逆に先生は感銘を受けられた様子でした。やがて、ペガサスクラブの会報でもニトリのインドネシア工場について紹介してくれましたし、当時はまだ製造小売という言葉も生まれていませんでしたが、先生はその可能性に注目し始めていたのだと思います。

こうして工場をもち、さらに船の仲介会社との占有的取引問題を機に、ニトリは物流まで自分たちで手がけるようになりました。原材料の調達から製造、物流、販売までのすべてですから、川上どころか、水源から川下の河口までをやることになったのです。

手間はかかりますし、そのためにはさまざまな専門家を社内に抱える必要があります。けれど、だからこそ誰にもマージンを抜かれることなく、お客様が最も求めている「商品の安さ」をとことん追求できるわけです。

そういった可能性を感じていたので、あえて私は渥美先生の考えに逆らって、自社で工場をもつ話を進めていきました。

今、ニトリが自分たちですべてをこなしているのは、このように前例のないことに挑戦し続けてきたからです。

成功するには攻めること

現状に満足した時点で成長が止まるということは、すでに別のところでお話ししたと思います。特に問題を感じることなく順調に進んでいるやり方であっても、そのままのかたちを維持するのではさらなる業績向上は期待しづらいものです。

つねに、今までのやり方を根本から変え続けていくことが大事です。言い換えれば、攻めて、攻めて、攻め抜くことなのです。

特に困難にぶつかったときこそ、攻めることが重要となってきます。それが困難を乗り越えるコツです。

もちろん、ピンチに陥っている状況で、あえて攻めるにはかなりの勇気が必要でしょう。だから、私は即断即決を貫いているわけです。

あれやこれやと考えすぎてしまうと、その場に立ち止まってしまって攻められません。失敗してもいいから、とにかく攻めることです。

たとえ1勝9敗で負けのほうがはるかに多かったとしても、攻めたことで得られた1勝は大きな収穫となります。そして、世の中とは本当に不思議なもので、運が回ってくるのは攻めているときなのです。

攻め続けているといつの間にか逆風が追い風に変わっており、物事がどんどんいい方向へと進んでいきます。その結果、終わってみれば困難を抱えていた時期も含めて、すべてが楽しかったという総括になるのです。

1971年に似鳥家具店が2号店を出した際に、その資金を地元の信用金庫で借りたことは第6章でお話ししました。その店は規模こそ大きかったものの、予算がなかったので鉄板がむき出しの壁で、内装も手作りのハリボテのような店でした。

雨が降ると雨音が店の中に鳴り響いて、お客様との会話に支障をきたすほどうるさかったのですが、私はあまり気にしていませんでした。札幌にはあまり雨が降りませんから。

それよりも誤算だったのは、近くに約5倍の規模を誇る競合店がオープンしたことです。一気にお客様を奪われてしまい、私の店の売上は半減してしまいました。

にわかに資金繰りが悪化してしまい、信用金庫にすがりついたのですが、「もう貸せません」と突き放されてしまいました。「もはやこれまで……」と観念した私は、夜逃げの準備までしていました。

つまり、攻めではなく逃亡という真逆の選択をしようとしていたわけです。ただ、妻子もちだったので、「夜逃げの話をいつ切り出そうか」と躊躇《ちゅうちょ》しているうちに時間だけが過ぎていきました。

すると、そんな私のところに飛び込んできたのが家具業界向けのアメリカ西海岸視察セミナーの話でした。

ここで、私は衝動的に攻めへと転じます。店の運転資金にも困っているというのに借金で旅費を工面し、アメリカへと旅立ったわけです。

そして、現地でアメリカ人の豊かな暮らしぶりを目の当たりにして、私が生涯にわたって追求し続けることになるロマンと巡り合ったことは、すでにこの本の読者のみなさんは十分におわかりでしょう。

無論、夜逃げを実行していれば、今のニトリは存在していません。以来、あまりの怖さで渥美先生のところから逃げ出したことはあったものの、経営に関してはつねに攻めの姿勢で臨んでいます。

スカウトしないで成功した会社はない

お客様が何よりも求めているのは安さで、それは私がロマンに出合ったときから長年にわたって追求してきたことです。もっとも、お客様に「お、ねだん以上。」と感動していただくためには、品質も重視しなければなりません。

だから、商品の開発後も品質の向上に努め、売れ筋商品であっても全体のほぼ半数を1年のうちによりよいものに入れ替えるという策も打ち出してきました。

また、2006年には社内に「品質業務改革室」を新設しました。この部署で中心的な役割を担ったのは、元東風ホンダ社長（東風本田発動機有限公司・総経理）の杉山清《すぎやまきよし》さんです。

2002年に中国から日本に向かう飛行機の中でたまたま出合って名刺交換したのをきっかけに、会話を交わすようになりました。そして、交流を深めるうちに「ぜひともニトリのために力を貸してほしい」と思うようになり、3年かけて口説き落として入社してもらいました。

「品質業務改革室」の役割は、商品の品質を高めてお客様からのクレームを減らすことです。それ以前から店頭に並べる前に検質・検量の担当者が検査を行っていましたが、その段階で不具合を見つけて工場に報告するのでは後手に回りがちだったのです。

そこで、「品質業務改革室」を設置してからは完成後ではなく、原材料の選定時や製造中の全工程で検査する方式に変えました。杉山さんの指導のもと、自動車メーカーのように高性能の検査機器を導入し、厳密な確認作業を行うようにしたわけです。

その結果、クレームは目に見えて減少していったのですが、杉山さんの手腕がさらに光ったのは2007年に発生した土鍋《どなべ》のリコール問題でした。新潟県の陶器業者から仕入れた中国製の土鍋をニトリで販売していたところ、鉛が溶け出していたことが発覚して約9000個を回収する事態となったのです。

すぐさま杉山さんは本田技研工業のOBをニトリに招き入れ、品質管理の強化策を打ち出しました。それが奏功し、以後は大規模リコールが発生していませんし、現在ではいずれの段階で商品に異物が混入し、それが故意によるものなのか否かも判明する仕組みが出来上がっています。

新卒社員をイチから育て上げることも重要ですが、特別な技術を持った優秀な人財を外から招き入れることも、会社を成長させるためには不可欠なことです。スカウトしないで成功した会社など存在しないのです。

これぞという人を見つけたら、私は食事に誘って徹底的に口説きます。何度断られようとも、ニトリのさらなる成長のために1本釣りできるまであきらめません。

お客様の不平、不満、不便の解決を最優先

会社が急成長し始めると、多くの経営者は本当の目的を見失いがちです。儲《もう》かれば儲かるほど、売上や利益をさらに拡大させることが第1の目的となってしまうのです。

特に中小のオーナーにありがちなのは、儲かり始めた途端に自分の給料を大幅にベースアップしたり、妻子を役員にして高い給料を支払うという会計処理をする例です。これは会社の経営者としては最悪の判断で、何よりも優先すべき目的である「お客様の利益」のことを完全に忘れてしまっています。

売上や利益のことしか眼中になければ、自分たちの都合しか考えなくなるものです。どれだけ宣伝したとしても、そんな会社の商品やサービスをお客様が選んでくれるはずがありません。

私の場合は順調に増え始めた利益を資本金にどんどん加えて、会社の規模を大きくしていくことに使いました。正直に言えば、自分の給料をもっと増やしたいという私欲もゼロではありませんでした。

けれど、ロマンを実現するためには、会社を大きくすることが先決だと考えたのです。私がアメリカから持ち帰ったロマンとは「住まいの豊かさを日本の人々に提供すること」で、暮らし用品の値段を従来よりも大幅に安くすることで実現しようと考えていました。

つまり、ニトリがよいものを安く提供することによって、お客様を幸せにしたいと願ってきたわけです。だから、寝ても覚めても、お客様のことを考え続けるのは当然です。
渥美先生がよく口にしていた言葉も、「売る立場で考えてはいけない。買う立場、使う立場、つまりお客様の立場で見ることで、初めて問題点が発見できる」という趣旨のものでした。私もその教えを忠実に守り、お客様が求めていることに耳を傾け、暮らし方を観察し続けてきました。

お客様がどのようなことに不満を抱き、実際にどういった不平を漏らしていて、何を不便だと感じながら我慢して暮らしているのかについて、目を凝らして観察し続けてきたわけです。そして、それらを解消するにはどのような商品を作ればいいのかを四六時中考えてきました。お客様の不平、不満、不便に気づくことができれば、商品開発はさほど難しいものではありません。それらを解決できる内容であれば、自然とお客様に受け入れられてヒット商品となるものです。

その一例として挙げられるのは、ニトリが独自開発した羽毛布団でしょう。軽くて暖かな羽毛布団には誰もが魅力を感じるはずですが、かつては1枚10万円以上の値段だったため、一部の人しか購入することはできませんでした。

そこで、1990年代の初頭、私は3分の1の3万円で販売できる羽毛布団を開発してみようと思いました。決意した時点では具体的なアイディアは浮かんでいませんでしたが、いいものを安く売るのがニトリの使命ですし、特定の人しか買うことができないという状態を変えたかったからです。

もちろん、安くするために品質を落とすことは許されません。原材料を厳選して指定したうえでメーカーと直接交渉し、徹底的に製造や流通におけるコストも切り詰めた結果、ついにニトリでは1998年頃、3万円台の羽毛布団の商品化に成功しました。

最初に設定した価格を実現するために原材料の選定や製造方法に知恵を絞っていけば、おのずと新商品は完成します。つねにお客様の不平、不満、不便にアンテナを張り、そのニーズに先回りする商品開発を続けていくことで、ロマンの実現に向けて一歩一歩近づいていこうとしているのです。

そして、お客様の不平、不満、不便は尽きることがありません。安く提供できた後も、「オールシーズン使えるものが欲しい」という声を聞きつけ、2000年にはニトリでは1万円の2枚重ね羽毛布団を開発しました。

ここまで安い値段で提供できたのは、ニトリが初めてのことです。この朗報をより多くのお客様に知っていただくために、テレビCMも放映しました。

リスクの陰のチャンスに目を向ける

45

「お客様の不平、不満、不便を見つけ、それらを解決する商品を驚くほど安い値段で提供する」のが私の哲学で、最初に価格を決めてからそれを実現するための方法を考えていくというのがニトリの商品開発です。羽毛布団を具体例に出してこうした話をしたばかりですが、「実際に開発するのはけっして容易なことではないはずだ」と思った読者も多いことでしょう。確かにその通りで、簡単にできることなら、ニトリが挑戦する前に他社がすでに1万円の羽毛布団を販売していたことでしょう。

普通に製造すれば10万円以上の価格設定となってしまい、裕福な一部の人しか購入できません。それを大衆（80％）の人が購入できる1万円にするためには、発想から大きく変える必要がありますし、より幅広い知識が求められてくるので勉強にも励まなければなりません。何度も試作を繰り返したうえで、「やっぱり無理だった」という結論に至れば、研究開発費や人件費もムダになってしまいます。

しかも、羽毛は価格変動が激しい素材で、トリが感染源とされた鳥インフルエンザやSARS（重症急性呼吸器症候群）が流行した際には供給不足が深刻化しました。ギリギリの安さで提供しているニトリにとって、羽毛価格の高騰は大きな打撃です。

それでも私は1万円で提供し続けることにこだわり続けました。普通に考えれば、このように厄介なものにはヘタに手を出さないのが得策だと思うかもしれません。しかし、私の発想は真逆で「普通に考えればできそうもないものだからこそ、挑戦する価値がある」と考えます。容易には成し遂げられず、失敗するリスクが高いなら、その陰には大きなチャンスが潜んでいるからです。誰も手を出そうとしないので、開発に成功すれば、ニトリだけがお客様に提供できる商品となります。そもそも、お客様のニーズに応えるために開発するといったん決めたら、私は絶対にあきらめずに執念で開発を実現させます。

リスクとチャンスは切っても切れない関係にあり、それを承知で攻めていかなければ、大きな成長は望めません。リスクなきことからは何も得られないのです。

ピンチも然《しか》りで、困難が立ちはだかったときもあきらめずにそれに向かっていけば、おのずとチャンスを見つけられるものです。1975年に4号店をオープンしたときも、まさにそういった展開が待っていました。

屋根を空気で膨らませた国内初のエアドーム型の店舗で話題を集めていたのですが、開店前夜に降った大雪でドームが崩れてしまったのです。しかも、雪下ろしの作業中に社員の1人が足を滑らせて救急車で運ばれる騒ぎまで発生しました。

雪に押し潰《つぶ》された衝撃でほとんどの商品が傷んでしまい、〝泣きっ面にハチ〟の状況です。このピンチに直面した私は「傷物ハンパ物大会」と称してバーゲンセールを急きょ開催しました。するとお客様が詰めかけて大盛況となって、私は一矢報いることができました。

第8章

新入社員、20代の若手社員に伝えたいこと

会社のために自分がいると思うな

46

「自分が会社の成長をけん引していくのだ」という意欲をもつのはありがたいことですが、社員1人1人は会社のために存在しているわけではありません。あくまで会社は、社員の自己実現のためにあるのです。

自己実現とは、人間の欲求の中でも最も高いレベルのもので、働くうえでの一番のモチベーションとなってきます。単に高い給与や役職がもらえるということだけでは弱いのです。

仕事を通じて社会に貢献できるという達成感こそ、最高の褒美となります。そうやって自分が大きく成長していくために会社があるわけです。

会社は自分が発展するための場となるだけでなく、失敗した場合にはその代償を払ってくれますし、給料まで出してくれます。とことん活用して、自分を目一杯成長させられるのにそれをしないのは損です。

人生の成功において決定的な要素は、その人の「心の持ち方」です。会社のために働かされていると思う人と、自分のために会社はあって自分の成長のために働いていると思う人とでは、その後の人生に大きな違いが生じるのは当然です。

スタートダッシュが肝心

47

ニトリでは能力を発揮している人を高く評価し、役職や給料にも差をつけるようにしています。つまり、年齢や性別は一切関係なく、能力次第でどんどん上をめざしていけるわけです。

ただし、入社後3年間についてはあえて評価にもさほど差をつけないようにしています。だからといって気を抜いてしまうと、実はその間に大きな後れを取りかねません。

新入社員や20代の若手の大半は、まだ与えられた仕事をこなすのが精一杯で、それがロマンやビジョンとどう結びついていくのかもピンとこないはずです。与えられた仕事を遂げることの真意がわかっていないと、怠けたいという欲求にもそそのかされがちです。

そういった状況でも無我夢中で取り組んでいる人がいたとしたら、その人は同期入社の仲間たちに大きな差をつけることになるでしょう。つまり、若い頃はわずかな努力の違いで大きな差がつくので、スタートダッシュが肝心なのです。

入社後3年間は評価に差をつけないのは、あくまで見かけのうえでの話にすぎません。私や所属部署の上司たちは、その間の成長ぶりも観察しています。そして、実際に評価を役職や給料に反映させるようになると、案の定、スタートダッシュに成功した人たちが頭1つ抜きん出ているものです。

知識は1割、経験が9割

48

将来、指導する側に立ちたいと望んでいるなら、経験を重ねていくことが非常に重要です。読んだり聞いたりして身につく知識は1割にすぎず、残る9割は経験を通じて体得していくものだからです。

そこで、ニトリではできるだけ多種多様な経験を積んでもらうために、「配転教育」を続けてきました。できるだけ多くの社員に、実務経験豊富な指導者となってもらいたいのです。

全力投球しながら現場で培っていく経験は、やがて指導者としていろいろな判断を下す際の基礎知識となります。だからこそ、特に若いうちに現場を徹底的に経験することが大切です。

もっとも、大手企業の5倍もの費用を投じて教育に力を入れても、10人に1人程度の割合でしか優秀な指導者が育たないのが現実です。ニトリがグローバルな成長を遂げていくためには、もっと高い割合で優れたリーダーを輩出していかなければなりません。

20年後、10年後の目標、年間の目標、四半期の目標、週間の目標、そして今日の目標と、めざすべきテーマを具体的に定めたうえで、それに向かって突き進みながら貴重な経験を重ねていってほしいものです。

石の上にも3年、風雪5年、苦節10年、スペシャリスト20年

49

プロ野球で数々のチームを率いた野村克也《のむらかつや》元監督が言っていたのが「石の上にも3年、風雪5年」という言葉です。私はさらに付け加えて、「石の上にも3年、風雪5年、苦節10年、スペシャリスト20年」との表現をよく用いています。

どんな会社であっても、そこに10年もいれば自己成長を遂げられるからです。逆から言えば、1つの会社や部署で3年ももたないような人では、どこに異動したり転職したりしても、評価に値する仕事をこなせません。

結局、与えられた仕事に全力投球できない人は、希望の部署や転職先でも満足できず、つねに不完全燃焼を続けているのです。

「石の上にも3年、風雪5年、苦節10年、スペシャリスト20年」は、会社の事業においても言えることです。ニトリの台湾進出にしても、最初のうちは赤字が続いていました。

しかし、私はそれを「健全な赤字部門」と捉《とら》えていました。何事も挑戦したばかりの頃は苦戦を強いられるもので、最初から「風雪5年」だと思って取り組んでいるからです。現に、台湾事業は初出店から6年で黒字化を果たしています。

仕事は自分で選ぶな

50

「自分のことは自分が一番よく知っている」と言いますが、それは嘘です。自分が見ているのは鏡を通した自分であって、特に仕事の適性については自分自身では正しい判断は難しいものです。

ちょっと手を染めただけで、すぐに「自分には合わない」などと弱音を吐くのは言語道断。最低でも3年間はその仕事に取り組んだうえで口に出せる台詞《せりふ》です。

最初の1年でひたすら仕事を覚え、2年目で完全に果たし、3年目でスピードアップを図っていくのです。そのうえで、「やっぱり合わない」と感じたなら、他の部署への異動を希望すればいいでしょう。

ニトリが一貫して「配転教育」を続けているのも1人1人の社員の適材適所を見極めるためです。そして、配転のタイミングも3年を目安にしています。

まずはどうのこうの言う前に、その仕事に正面から3年間取り組むことです。特に20代は現場でたくさんの経験を積み重ねる必要があるわけですから、「自分には合わない」と愚痴っているヒマなどないはずです。

問題がないのは問題

51

世の中に、まったく問題が生じていない、そのままでよいというものはありません。さまざまな分野で記録が塗り替えられていくのも、問題となっているところを見つけ出して改善・改革を進めていったからです。

「特に問題は見つからない」と簡単に口に出してしまう人がいますが、「問題がないと捉えてしまうことが問題だ」と私は思います。20代のうちから問題意識を持たない人に進歩は望めず、堕落していくのみです。

ただし、実務経験が乏しいと問題点が見えませんから、やはり現場経験の蓄積がここでは威力を発揮します。

実際、20代の私はまだロマンとビジョンに出合っていなかったので、問題意識がまったくなくて失敗続きでした。「問題がないのは問題」ということに気づかず、結局は自滅していたわけです。

ニトリがお客様の不平、不満、不便からどこに問題があるのかを探り当て、それらを解決する商品を開発しているように、自分自身がユーザーの立場に立って見つめ直すことを心がけてください。そうすれば、どこに問題があるのがわかってきて、自分自身の進歩に結びついていくでしょう。

終章

ニトリのDNAをどう伝えていくか

世界に目を向ける

52

現在、日本国内においてニトリは500店舗体制を確立し、足元では東京都内を中心に都市型店舗の出店も積極化しています。

「製造物流小売」という唯一無二のビジネススタイルを完成させた後も2011年からモール運営事業にも乗り出すなど、さらに自前主義を徹底的に推し進める一方で、新たに目を向けたのが海外市場でした。

それまでニトリの海外進出は、自社の生産拠点を作り、物流まで自分たちで手がけることが目的でしたが、2007年からスタートさせたのは海外市場での出店です。

つまり、グローバルな消費市場の開拓に乗り出したわけです。この年に台湾で、海外1号店となる高雄《たかお》夢時代《ゆめじだい》店をオープンさせました。

そして、2013年にはロマンとの出合いをもたらしてくれたアメリカにも Aki-Home の名称で出店し、2014年から中国でも武漢群星城《ぶかんぐんせいじょう》店を皮切りに店舗網の整備を進めています。

現在、台湾では27店舗まで拡大しており、人口や面積から判断すると増やしてもあと1~2店舗がせいぜいでしょう。アメリカは6店舗ですが、日本よりもチェーンストア経営システムが進んでいる国ですから、ここでの積極進出はまだまだ時期尚早で、さらに増やすつもりはありません。

本腰を入れて進めていくのは、〝世界の工場〟から世界有数の消費市場へと変わってきている中国での出店です。２０１７年３月末時点で24店舗ですが、２０１８年に20店舗、２０１９年に30店舗、２０２０年に30店舗といったペースで増やし、３年後には１００店舗、５年後には５００店舗を達成したいと思っています。

２０２２年には国内と海外を合わせて１０００店舗体制を確立し、グローバルにニトリの認知度を高めて売上高１兆円の達成をめざす計画です。さらに先に目を向ければ、中国に次いで膨大な人口を抱えるインドが視界に入ってくるでしょう。

私が似鳥家具店を創業した１９６７年当時と比べれば、日本人の暮らしは見違えるほど豊かになりました。しかし、世界に視野を広げると、これから日本と同じ道を辿《たど》っていく国がたくさんあります。

すでにニトリは、世界の人たちに住まいの豊かさを提供するために動き始めているのです。２０３２年には国内外で３０００店舗を出店し、世界の人々に住まいの豊かさを提供する会社として３兆円の売上高を実現させるつもりです。

世の中は5年で変わる

53

まだ2店舗しかなかった1972年、アメリカから日本へ向かう飛行機の中で自分なりに考えた30年先の目標、それがニトリ成長の出発点となりました。その5年後にペガサスクラブに入会し、渥美先生の指導を受けて目標値をさらに達成困難な数字に設定したのが第1期30年計画です。

30年後の2002年に100店舗、売上高1000億円をめざすという内容で、1年遅れの2003年に達成したことはすでにこの本の中で触れた通りです。アメリカで見つけた私のロマンを実現するために掲げた最初のビジョンを果たせたわけです。

そして、2003年に次の30年後を見据えて新たなビジョンに定めたのが「2032年に3000店舗、売上高3兆円をめざす」というものです。その中間目標は「2022年に1000店舗、売上高1兆円」で、まずはこれを達成するためのテーマとして「グローバル化と事業領域の拡大」を掲げています。

要は、海外での出店攻勢を加速させることと、さらに幅広い事業に取り組んでいくということです。その最初のステップとして、海外店舗の黒字化と事業領域拡大のための基盤固めは果たしました。

2020年までに海外出店を高速化させ、海外事業を成長軌道に乗せていくというのが次なるステップで、その後は経営基盤の再構築を進めてグローバルチェーンとしての体制を確立させます。

こうした戦略は、①商品戦略の再構築、②供給体制の再構築、③品質の強化、④顧客サービスの向上、⑤事業戦略の再構築、⑥マネジメントの強化、⑦教育と組織体制の再構築という7つの重点方針に基づいて進められていきます。

一言で言い切ってしまえば、世界のお客様に喜んでいただくために商品の製造・流通・販売体制はもちろん、社内の制度から経営の手法まですべて、「現状を否定して新しくつくり替える」ということです。そこまでして取り組まなければ、第1期30年計画以上に壮大な第2期30年計画を実現するのは困難です。

今までにも増して世の中の変化のスピードが速くなっており、5年も経てば完全に別の姿になっています。

たとえば、私はまだ携帯電話にカメラ機能が搭載されていなかった頃に、ニトリのチラシに用いる写真をデジカメで撮影してそのデータを印刷所にオンラインで入稿するというシステムを導入しました。

気がつけば、そんなことはもはや当然の時代です。こうした変化を踏まえれば、ニトリが掲げる新たなビジョンも非常に大きなものとなってくるわけです。

店舗とネット、両サイドから見る

54

国内に約500店舗を出店しているニトリですが、その一方で2004年9月から「ニトリネット」を立ち上げてインターネット通販にも参入しています。当時はまだ店頭で実物を自分の目で確かめたうえで購入するのが常識でしたが、利便性の高いネット通販も利用したいと思うお客様が増えていくはずだと思ったからです。

それから15年近く経った今も、ネット通販がニトリの売上全体に占める割合はおよそ5%、300億円です。

つまり、依然としてほとんどのお客様はニトリの実店舗で購入しているわけですが、だからといってネット通販への参入は時期尚早だったとは思いません。

つねにこれから先の社会の変化を見据えて、先手を打っていくのが私のやり方です。ネット通販がさらに支持を広げていくのは明白で、今後5年のうちにニトリにおけるネット売上は10%程度までウエートが高まっていくものと予想しています。

日本で少子高齢化が進んでいるのは誰もが知っていることで、こうした社会構造の変化によって、ニトリに限らず小売店の実店舗は大閉鎖時代を迎えるはずです。その点、ネット通販なら足を運ばなくてすむのでシニアも気軽に利用できますし、今まで以上に存在感が高まっていくのはまず間違いないでしょう。

だからこそ、自社で両方をやっておかなければダメだと私は考えているのです。10年後には、ネット通販の占める割合が20～30％台まで高まっていても不思議はありません。

実店舗にしても、すでにあちこちで実証実験が行われているように、無人化が浸透していくはずです。商品の説明も、ＡＩ（人工知能）を搭載したロボットが行ったほうがより正確でしょう。

もちろん、ネット通販においてもお客様の不平・不満・不便を解決していくという姿勢に変わりはありません。たとえば、２０１２年に送料を見直したところ、その年のネット通販部門の売上高が前年比１４０％超も伸びました。

住まいの豊かさを
すべての人々に提供する

55

ニトリの歩みを振り返ってみると、1967年の創業から2006年までの40年間は、独自の「製造物流小売」というビジネスモデルを完成させるまでの道のりでした。お客様に安くてよい商品を提供するために改善・改革を繰り返し、「やれることは自分たちでやる」という姿勢を貫いた結果、自然とこのビジネスモデルに辿り着いたわけです。

1986年には海外からの直輸入を本格化させて安さを追求し、その翌年にはマルミツ木工を実質子会社化して自社工場をもつという大きな決断を下しました。そして、社員たちに背中を押されて1993年に本州1号店を出店し、1994年には海外自社工場での生産をスタートさせています。

2006年には自前主義をさらに徹底し、貿易業務まで自分たちで手がけるようになりました。ニトリグループが商品の搬送のために取り扱ったコンテナの量は2017年度の実績で年間17万5000TEUを記録し、国内最大規模に達しています。

1972年のアメリカ西海岸視察セミナーで、「日本人にもこのような住まいの豊かさを提供したい」というロマンが私の中で芽生え、安くてよい商品を提供することでそれを実現したいと考えました。そのためにはホームファニシングのチェーンストアとして規模を拡大することが不可欠で、私は第1期30年計画という壮大なビジョンを掲げました。

2003年にこのビジョンは達成できましたし、1967年当時と比べて日本人の住環境も見違えるほど豊かになりました。

では、すでに私のロマンも実現したのでしょうか？　いいえ、まだまだ道半ばにすぎません。

本章の冒頭でも触れたように、ニトリは２００７年から海外市場での出店を進めています。２００３年に掲げた第２期30年計画では２０３２年に３０００店舗、売上高３兆円をめざしていますが、その最終年が近づいた頃には間違いなく海外店舗の占める割合が圧倒的に多くなっていることでしょう。

ニトリが実現を追求しているロマンは、「住まいの豊かさをすべての人々に提供する。」というものに拡大しているのです。

中国の次にはアジア各国とアメリカ、さらにヨーロッパ、その先には南米、アフリカと、住まいの豊かさを求めているお客様が世界中に数多くいらっしゃるので、ニトリの挑戦はまだまだ続いていきます。

私の死後、50年後、１００年後のニトリが世界の人々に役立っているために、どういうシステムを構築していくかが今の悩みです。

ただ唯一、はっきりとしているのは、「住まいの豊かさをすべての人々に提供する。」というロマンはずっと受け継がれていくということでしょう。

似鳥昭雄（にとり　あきお）
ニトリ創業者。株式会社ニトリホールディングス会長。
1944年、樺太生まれ。64年、札幌短期大学卒業、北海学園大学編入。66年、北海学園大学経済学部卒業。67年、似鳥家具店を札幌で創業。72年、米国視察ツアーに参加。同年、似鳥家具卸センター株式会社を設立。78年、社名を株式会社ニトリ家具に変更。86年、社名を株式会社ニトリに変更。2010年、持ち株会社へ移行。17年、500店舗を達成。18年2月期で31期連続の増収増益を達成する。著書に『運は創るもの』（日本経済新聞出版社）、『ニトリ　成功の５原則』（朝日新聞出版）などがある。

リーダーが育《そだ》つ55の智慧《ちえ》

2018年４月７日　初版発行

著者／似鳥昭雄《にとりあきお》

発行者／郡司 聡

発行／株式会社KADOKAWA
〒102-8177　東京都千代田区富士見2-13-3
電話　0570-002-301（ナビダイヤル）

印刷・製本／大日本印刷株式会社

KADOKAWAカスタマーサポート
［電話］0570-002-301（土日祝日を除く11時～17時）
［WEB］https://www.kadokawa.co.jp/（「お問い合わせ」へお進みください）
※製造不良品につきましては上記窓口にて承ります。
※記述・収録内容を超えるご質問にはお答えできない場合があります。
※サポートは日本国内に限らせていただきます。

定価はカバーに表示してあります。

ISBN 978-4-04-106732-1　C0095